Martin Reiter

Ein Tiroler »Urgestein«, Jahrgang 1963, das sich selbst als Jäger, Sammler und Bewahrer von Tirols Kultur und Geschichte sieht. Mit dem Tiroler Dialekt ist er eng verwurzelt, lebt er doch selbst an der Sprachgrenze zwischen Alpbachtal und Zillertal im Unterinntal – drei vollkommen verschiedenen Mundartgebieten. Zum 40. Geburtstag machte er sich selbst ein Geschenk – sein 40. Buch.

www.sprechensie.at

Martin Reiter

Sprechen Sie Tirolerisch?

Ein Sprachführer für Einheimische
und Zugereiste

und Angeheiratete

UEBERREUTER

Der Autor bedankt sich bei allen Personen
– kreuz und quer aus Tirol stammend –, die sich
bereitwillig Löcher in den Bauch fragen ließen.
Ohne sie wäre dieses Büchlein nicht entstanden.

ISBN 978-3-8000-7046-6

Coverfoto: Ferienregion Alpbachtal & Seenland – www.tirol-pur.at
Covergestaltung und Innenlayout: Maria Schuster

Druck: Druckerei Theiss GmbH, A-9431 St. Stefan
5 7 6 4

Ueberreuter im Internet: www.ueberreuter.at

Inhalt

Auf ein Wort (oder mehr?)

Als ich vom Verlag Ueberreuter beauftragt wurde, unter dem Titel »Sprechen Sie Tirolerisch?« (eigentlich müsste es ja »Tirolisch« heißen, aber ich habe mich für den Dialektausdruck entschieden) ein Tiroler Mundartwörterbuch zu schreiben, kostete mich dies so manche schlaflose Nacht und einiges Kopfzerbrechen. Warum? Ganz einfach, weil Tirol nicht nur aus Süd-, Ost- und Nordtirol besteht, sondern obendrein aus Hunderten Tälern, in denen überall ein anderer Dialekt gesprochen wird. Ja, die Unterschiede lassen sich teils sogar von Ort zu Ort bzw. von Weiler zu Weiler feststellen. Wo dort ein »a« verwendet wird, ist es zwei Kilometer weiter ein »å« oder »ä« und übers Joch bereits ein »e«. Es gibt keinen Tiroler Dialekt, es gibt auch keinen Nordtiroler, Südtiroler oder Osttiroler Dialekt; keinen Zillertaler oder Pustertaler, keinen Außerferner oder Oberinntaler Dialekt, sondern nur Dialekträume, in denen man in etwa eine ähnliche Mundart spricht.

Weiters soll dieses Buch ja kein wissenschaftliches Werk darstellen, denn ein solches haben schon im Jahr 1866 J. B. Schöpf durch sein »Tirolisches Idiotikon« und darauf aufbauend Josef Schatz 1956 im »Wörterbuch der Tiroler Mundarten« geschaffen (wer sich intensiver mit Tiroler Mundart befassen will, der ist dort gut aufgehoben oder er wendet sich an den Nestor der Tiroler Mundartforschung, Dr. Egon Kühebacher).

Viele Wörter in deren Werken sind bereits ausgestorben, was nicht zuletzt mit der gewaltigen Umwälzung im landwirtschaftlichen Bereich zu tun hat. Doch der Dialekt ist in der Zwischenzeit keineswegs tot, ja, es sind

sogar neue Ausdrücke dazugekommen. Durch Auto und Bahn sind die Menschen mobiler geworden, einstmals entlegene und deshalb ruhige Orte wurden für den Tourismus entdeckt und voll erschlossen. Dadurch hat sich auch die Kommunikation unter den Menschen geändert. Viele Mundartausdrücke sind gewandert und heute in Gegenden als »traditionell und althergekommen« angesehen, wo sie vor gut 50 Jahren noch gar nicht existierten. Man hat sozusagen den Überblick verloren, wo nun ein gewisser Dialektausdruck wirklich hergekommen ist. Auch die Aussprache ist nicht mehr überall jene wie vor Jahrzehnten. Dies alles zu berücksichtigen würde den Rahmen dieses Buches sprengen. Deshalb erhebt es auch keinesfalls Anspruch auf hundertprozentige Herkunftsnachweise, Vollständigkeit aller Ausdrücke und Aussprache. Vor allem die Aussprache würde ein eigenes Buch füllen. Als Autor habe ich versucht, sämtlichen Lautzeichen den Rücken zu kehren, denn der Benutzer und Interessierte soll sich nicht durch seitenlange Kapitel quälen müssen, in denen beschrieben wird, wie er die Wörter in diesem Buch auszusprechen hat. So wurde das übliche Alphabet verwendet, wobei natürlich gewisse Laute nicht einwandfrei dargestellt werden können. (Im Nachwort findet sich aber auch dazu ein kleiner Leitfaden.)
Der langen Vorrede kurzer Sinn: Dies ist ein Büchlein für all jene, die sich einen Überblick über die verschiedenen Tiroler Mundartausdrücke verschaffen wollen, Erklärungen zu da und dort aufgeschnappten Dialektbrocken suchen und überdies ein bisschen Spaß beim Schmökern haben wollen. Viel Spaß!

Martin Reiter + 682.682 TirolerInnen
St. Gertraudi, April 2004

A

a b c d e f g h i j k l m n o p q r s t u v w x y z

Wörter, die Sie unter A nicht finden,
stehen sicher unter E oder O

åba, åbi, oba, obi, owa, owi	herunter, hinunter; meist mit anderen Wörtern zusammengesetzt: *åbahoin* (herunterholen), *åbischaugn* (hinunterschauen), *obistuaßn* (hinabstoßen). *Åbikugln* (hinunterrollen) kann man über einen Hang, wenn man das Gleichgewicht verliert: *Ea is bsuffna åbikuglt*! (Er ist betrunken hinuntergerollt!)
âbich	abhängig, schief; schwächlich; sonderbar
àchten	bemerken, glauben, dafürhalten. *I àcht, es wear' bold Zeit sei'*. (Ich glaube, es wird bald Zeit sein.)
Åfel	die eiternde Masse in Geschwüren; *åfeln* (eitern, in Eiterung übergehen)
âft, åft'n, oft	dann, hernach. *Åft bring I den Küben die Reamen* (Riemen).
Aglàster	Elster (diebischer Vogel)
âi, âiel, âiele	wenn man sich an die Wange schmiegt
Àich, Oach	Eiche
àin, oan, uen	ein
Àinet, Oanet	Einöde, Einzelhof; auch Ortsbezeichnung
ak'rat	ebenso; genau, sorgfältig (lat. *accurate*)

alle Pud	immer wieder, alle Augenblicke
àlm, ålm	Alm; immer, ständig
Ålmrausch	Alpenrose – eine Blume, die jedoch nichts mit einem ständigen Rausch nach übermäßigem Alkoholgenuss auf der Alpe zu tun hat.
aloan	alleine, einsam
alteriern	Ekel, Grausen empfinden oder verursachen. Der Tote hat mich *alteriert.* (von ital. *alterare:* verändern)
åltfrankisch	altmodisch
Amalett	Anhängsel (von franz. *Amulette*)
Åmat	Nachheu, Grumet
Åmer, Ômer	Herzeleid, sehnendes Verlangen
åmigl	kraftlos, leicht ermüdet
Ammassn	Ameise(n)
Åmpl	kleines Gefäß für Flüssigkeiten, Lampe. Öl z. B. *prinnt in der Åmpl.*
âne	los, frei, ledig; eines Dinges *âne* werden
Andl, Nandl	Anna; *Dånnentåg* (Fest der hl. Anna)
Àngel, Ångl	Stachel der Insekten; Rute zum Fischen; Türangel
Änsbaum	starker Tragbalken bei Brücken
anss'n, anzen	mit Anstrengung tun, hart von der Stelle schaffen
antern	nachspotten, nachäffen; auch: *nachantern*

Ant', Antn	Ente
anterisch	unheimlich, nicht geheuer, widerlich, hässlich. Mancher Vogel *tuat recht anterisch schrei'n.*
Åntlass	Fronleichnamsfest. Der *Åntlassritt* findet jedes Jahr zu Fronleichnam im Brixental statt – eine Prozession auf Pferden.
Ånewant(e)	Rain, Rand eines Ackers
âper	schneefrei. *Im Langes wead es aper.* (Im Frühjahr schmilzt der Schnee weg.)
åpfitschn	abflitzen, entwischen
åprinnen	abbrennen; *åprennt* (»abgebrannt«, kein Geld mehr haben)
Åptrit	Toilette
År	Adler, das Wappentier der Tiroler
Arb'	Türriegel
árbetn	arbeiten, sich anstrengen
Arbes, Arwes	Erbse
Årch(e)n	Wasserwehren aus Holz
argen, arglen	im Zahnfleisch jucken, wenn Kaltes auf Warmes genossen wird; vor etwas grausen; etwas unangenehm empfinden, z. B. mit einem Messer so am Teller reiben, dass es quietscht
Årsch, Àrsch	Hinterteil und beliebtes Schimpfwort, das sich mit vielen Wörtern kombinieren lässt: *Årschgeign, Årschgsicht, Årschkriacha* etc.

Asaite, Åsait'	Abseite, Schattenseite eines Tales
åsaumen	jemanden von etwas abhalten, aufhalten, einem hinderlich sein
a(s)chling	rückwärts. *Ea geaht aschling!*
aschtig	wild, hart, wagemutig
Âsen	Stangen und Balken im Kamin, woran Fleisch zum Räuchern aufgehängt wird
âsen	streuen, herumwerfen (Heu und dgl.)
Âser, Ôser	verächtlich: sehr große weibliche Brust; Sack zum Anhängen
assig	Appetit habend
Áste	Niederalpe, Weideplatz zwischen Hof und Alpe
astn(en)	über Unbedeutendes wichtigtuerisch schwätzen; *eppas dahea'astnen*
åsten	hart behandeln, quälen, plagen
Å'stroafer	Türvorleger zum Abstreifen der Schuhe
a-tie, a-tiebn	öfters, zuweilen, ab und zu, manchmal
Att, Âde	Egge (bäuerliches Gerät)
Atti, Actti, Natti	Vater
Àtter	Natter, Otter
ätzen, ètzn	eigentlich zu essen geben, füttern; das Vieh weiden; abätzen, abweiden. Die *Ätz* ist sowohl das Futter als auch der abzuweidende Platz, die Weide.
Au'	allgemein Namen von Ebenen, Mösern,

	die an einem Fluss liegen; Insel, Halbinsel, die ein Fluss bildet, meist sandig, unfruchtbar, oder mit Erlen und anderen Bäumen besetzt
auf(f)i, aui	hinauf
auf(f) sein	in der Hitze, voll Eifer sein
aufzwickn	eine Person necken, an der Nase herumführen
Aug'	Auge. *Es fehlt ihm ober den Aug'n.* (Es fehlt ihm an Verstand.)
Aug'nglås	Brille
Aug'nwêr	Gerstenkorn im Auge
Aug'nfeda	Pfauenfeder
Auke	Kröte
Aunitschen	Hagebutten
ausdeitschn	jemandem etwas mit deutlichem Nachdruck erklären
ausgeistern	sterben, den Geist aufgeben
auß und auß	durch die Bank, immerfort
Auter	Euter
ausfratschln	aufdringlich und penetrant bei jemandem nachfragen
åweaschts	abwärts, hinunter
åzwakkn	etwas wegnehmen, abknöpfen

B

abcdefghijklmnopqrstuvwxyz

Wörter, die Sie unter B nicht finden, stehen sicher unter P

Bachant	roher, ungesitteter Mensch
bacheln	urinieren (Kindersprache); auch: *a Bachele machen*
Bachen	geräucherte oder zum Räuchern bestimmte Speckseite des Schweines
Bachlienl	dummer, unbeholfener Mensch
bachn, båchn	backen
bachten	sprechen, sich unterreden
bachtig	stolz, hochfahrend
Båder, Boda	Wundarzt
Bådstubn	Hütte, in der Flachs geröstet wurde
bafn	geifern, den Speichel (wie Kinder) aus dem Mund fließen lassen (von ital. *bava*)
baffn	rauchen (scherzhaft)
bagen	keifen, murren, greinen
Baindlkråmer	magerer Mensch; der Tod
Bair, Boar	Bayer, Bewohner von Bayern
baiten, boatn	warten
Balfen	überhängender Fels

Bam, Bâm	Baum
Bambeker	Specht
Bamgart	Baumgarten, Obstanger
ban	bähen
bandteln	mit Bändern zu tun haben; kleinliche Intrigen anstiften
Bår(r)n	Krippe, Futtertrog
Barbl	Barbara
barzen	hervordrängen; *sich barzen* (sich brüsten)
baschtln	kleine Arbeiten machen, schnitzen, basteln usw.
battelt	schmutzig, voll Kot
Batz	weiche, klebrige Materie; Blut
Båtzerei	unsaubere Arbeit, unsauber essen
båtzet	klumpig, klebrig, teigig
bauschen	wulstartig ausdehnen
Bauvogl	Bachstelze
Beåmtnforelln	Knackwurst (scherzhaft)
bearig	nach dem Eber verlangend (Sau); toll: *Schifoahrn is bearig* (Skifahren ist toll!)
beas	böse, schlimm; untauglich
befflen	geifern
begern	fordern
beg(k)len	kränkeln, dahinsiechen; aus angegriffener Lunge hüsteln

Beidl, Beitl	Beutel; scherzhaft für Hodensack
Beißwurm	jede Natter und Viper, auch Kreuzotter
beitn, boatn	warten. *Boat a bissl!* (Warte ein Weilchen!)
bekezn	winseln, wimmern
belfern	bellen; knurren; immerfort zanken
Benn', Bendl	Korb, Wagenkorb; Sitz am Schlitten
benzen	drängen, durch Bitten lästig fallen
Bercht(l)	Sagengestalt, Perchte, Frau Holle
Best	Preis beim Scheibenschießen, Kegeln usw.
Bet(tn)	der Rosenkranz
betleitn	zum Angelus läuten (6 Uhr und 18 Uhr)
Betnatz	Betschwester (verächtlich)
Bettbrunzer	Bettnässer (vulgär); feiger, furchtsamer Mensch
Bichl	Hügel, Bühel
biemen	beben, rütteln
Bierzapfn	scherzhaft für Biersäufer
Bies	Biss, Gebiss
bieten	beim Kartenspiel quasi anbieten, dass jemand passt oder aufgibt
Bilg-ai	Ei, das man im Nest zurücklässt
Bimss(e)n	Binse, Schilfrohr
Binggl	Beule; scherzhaft für gedrungene Person
Bir', Bian	Birne; auch: Glühbirne

Birsch(a)l	Bursche, meist im Zorn gebraucht. *Dös Birschal påck i ma!* (Diesen Burschen fasse ich mir!)
bissei, bissl	ein bisschen, ein wenig
Blaike, Bloak	Mure, Erdrutsch
blangig	lüstern, naschhaft
Blåsengl	fettes, aufgedunsenes Kind
Blater, Bloder	Blase, Ausschlag; dicke Person
Blech	scherzhaft für Geld
Blekarsch	Mehlschwalbe
blekezn	blitzen, wetterleuchten
Bletschn	großes breites Blatt (Pflanzen), scherzhaft für große Zunge oder untere Mundpartie; *die Bletschn åbahänga* (missmutig oder traurig dreinschauen)
bliatn	bluten
Bluatschink	Sagengestalt; bekannte Tiroler Musiker
Blüeml	Blümchen
Blunz(e)n	Blutwurst; aufgedunsene, plumpe Person
Boal, Boandl	Fisole oder Erbse
boasn	heftig klagen
bodern	dumpf rollen, krachen
boisnweis	von Zeit zu Zeit, zeitweise, truppweise
Boxele	kleine, geräucherte Hauswurst
Brampei	Schnaps

brantig	nach Angebranntem riechen; durstig
Breatn	Breite
Breatl	kleines Brot
Brem(m)	Bremse (Insekt). *Bremmig* ist es, wenn viele Bremsen herumschwirren.
Bresl	Brösel, Brosamen
brinn	als Verstärkung vor vielen Wörtern, z. B. *brinnrot* (brennrot, vollkommen rot)
Brinz(e)n	essbares Angebranntes bei Speisen
britscheln	waschen, netzen; beim Waschen mit dem Wasser über das Becken hinausspritzen
Broglar	Prahlhans
Bruchhalfter	Hosenträger
Brui, Broi	der Bräuer
Bründl	kleiner Brunnen
Bua	Knabe, Bub
Bucht(e)l	Germteiggebäck (Rohrnudel); scherzhaft für dicke Frau
Buebntratzer	Busenflor der Mädchen
Buff	Stoß, Schlag; Freudenhaus
Buffa, Buffer	allgemein für Waffe, Messer
Buschn	Blumenstrauß, Zierstrauch
buschzigagln	Purzelbaum schlagen
Butzele	Baby; kleiner, anmutiger Gegenstand
buxbamig	stark, fest, widerstandsfähig

C

Wörter, die Sie unter C nicht finden,
stehen sicher unter K

Carafindl Tischgerät mit Essig- und Ölbehälter (von ital. *caraffina:* Fläschchen)

carassiern verliebt tun (von franz. *caresser:* liebkosen)

Cepin, Zapin Holzknechtpickel (von lat. *capio:* fassen)

D

Wörter, die Sie unter D nicht finden, stehen sicher unter T

dab	taub, matt, ermüdet, schlaff
Dacht(e)l	Dohle, Turmkrähe; leichte Ohrfeige
dachseln	krummbeinig gehen
dachsen, daxn	stehlen
Dädal	schönes Ding; kleines, glänzendes Bild
dahoam	zuhause
dalfern	Wort schlecht aussprechen, unverständlich reden
Dåmpf	Betrunkenheit, Rausch
Dampfl	Vorteig für Germteiggebäck; Schwips
Dankdergott!	Dankeschön!
Darkel	weiche, zusammengedrückte Masse
daseln	sanft regnen
dasig	kleinlaut, still, gelassen, zahm, wetterfühlig, gesundheitlich angeschlagen
dattern	zittern
decht(er)	doch, dennoch, trotzdem
deitsch	deutsch, klar, verständlich
denggaseit(e)	links

der-	Präfix meist für er- oder zer- gebraucht: z. B. *derwuzln* (zerknüllen), *derschlagn* (erschlagen)
derf(e)n	dürfen; manchmal im Sinn von müssen: *Du derfst stad sein.* (Du musst still sein.)
derbresln	zerbröseln; scherzhaft für einen Unfall haben
derfindn	entdecken, aufdecken, erdichten
derlattert	nicht fest, schlotternd, wankend
derluchsen	erspähen
derlumpt	zerfetzt, zerrissen
derp	dürr, trocken. *A derps Maul* ist ein Mund ohne Feuchtigkeit.
derstunken und derlogen	gänzlich unwahr
Detsch	ungeschickte Person
Deuter	Wink, Zeichen
Diandl, Dien'l	Mädchen; Geliebte; Tochter; Trachtenkleid
dingen	festsetzen, bestimmen
Dischkurs	Gespräch, Diskurs
Dodl	Idiot, ungeschickter Mensch
Duckmauser	jemand, der jeder Gefahr aus dem Weg geht
durchaus	durchgehend, unentwegt
Duttn	Zitze bei Tieren; Brust und Penis (vulgär)

Wörter, die Sie unter E nicht finden, stehen sicher unter A oder O

E, Ea, Eh'	Ehe, Heirat
e-e	ä-ä! Ausdruck des Abscheu und Ekels bei Kindern
ea	ehe; *ea-zeitn* (vor Zeiten)
ead	abgeschmackt, fade; öde, schlecht, nicht gut. *Mei is mia ead!* (Ach, geht es mir schlecht!)
eadem	ehedem, vormals, vorher
Eank, Renk	Wendung, Krümmung; Umtrieb, listiger Streich
earn	dem Hochzeitspaar oder Primizianten Geld geben
Eb, Öb, Öw	Mutterschaf; das weibliche Lamm
Ebenweichtåg	Neujahrstag
Egerechs	Eidechse
Egg	Ecke, das Eck; länglicher Berggipfel, Bergvorsprung, Kante
ehrbar, erberl	schüchtern, schamhaft, züchtig
ei	Im Unterinntal heißt dieser Ausdruck Nein, im Oberinntal drückt er hingegen eine Bejahung aus.

ei'frischn	Blumen ins Wasser stellen
eielen	liebkosen
eifern	eifersüchtig sein
einpappeln	Kindern den Brei in den Mund streichen; jemanden pflegen, warm zudecken
Eisblater	erhöhte, besonders glatte, eisige Stelle
elle, ella	hurtig, geschwind
ench, enk	euch
Endtl	Rest von einem Stück Stoff, Band usw.
Engl, Engal	Engel; braves Kind; verstorbenes Kind
Engerling	Raupe des Maikäfers
Enichl	Enkel
Enk(e)l	Knöchel am Fuß
ent(n)	drüben, jenseits
Entriger	jemand von drüben
epper	jemand, irgendeiner
eppes	etwas
erken	scheu, zu schüchtern, um etwas zu nehmen
es, ös	ihr
Espele	Mispel
et, it, öt	nicht
ett, ött	Füllwort für: doch, denn, etwa, wohl, halt
Eva, Eaverl	Bezeichnung für einen naschhaften Menschen; Kosename Evelyne

F

Fablhannes	lustiger Spaßmacher, Plauderer
Fabritt	Fabrik; *Fabrittler* (Fabriksarbeiter)
fåchen, fochn	fangen, erwischen
Fåcher	hervorstehender Eckzahn
faig	feig; böse, gemein (selten)
Faim, Foam	Schaum
faist, foast	feist, fett, stämmig, gut gebaut
Få(c)k	Schwein, Ferkel; unsauberer Mensch
Fåkeler	unreiner oder unsittlicher Mensch
fakisch	schweinisch, unsauber, vulgär (redend)
fal	fehl, irr(e), falsch. *Dös is fal.* (Das ist falsch.)
fal, fail	feil (verkäuflich; nur mehr in der Kombination »feilbieten« gebräuchlich)
Falb, Falch	Steinbock
falchet	von weißlicher Farbe
falen	fehlen
Falset	Hochstimme
Faltl, Faltele	Fältchen

Fan, Fu', Fo'	Fahne; scherzhaft für Alkoholfahne
fangk(ez)n	funkeln, leuchten
fanzig	galant, sauber
Farch(e)	Forelle
Farfelsuppn	Suppe mit zerriebenem Teig und Eiern
Fartl, Faschtl	Heuballen zum Am-Rücken-Tragen
farzen	rösten, bähen
Faschierts	kleingehacktes Fleisch
faseln	einzeln auflesen
Fatsch(n)	Wickelband, Verbandszeug, Maurerausdruck für Hilfe beim Verputzen einer Wand (Mauer)
fatschene	einwickeln, verbinden
Faulber	Faulbeere (aus ihr wird teurer Vogelbeerschnaps gebrannt)
fau(n)zen	jemandem Faustschläge ins Gesicht bzw. auf den Mund geben
Fazenett(l)	Tuch, Taschentuch, Halstuch
Feaschn	Ferse
Feal	Fell, Pelz; Haut, Häutchen auf dem Auge (Star)
feart(n), fert	voriges Jahr
Fechen	Sommersprossen im Gesicht
Fegler	schlechter Violinspieler
fei(n)	ja. *Gib fei acht!* (Gib ja acht!)

Feicht(n)	Fichte; *feichtan* (aus Fichte)
feind	gehässig, feindlich gesinnt
Feirer	Faulenzer
Feirum	Feierabend, Arbeitsende; Ende, Garaus
Feitl, Feidl	Messer
fergeln	einem durch Bitten lästig werden
feschtig	fertig
fetzalan	nach Urin riechen
fetzeln	in ganz kleine Teile trennen
Fetzer	kurzer Regenschauer
Fetzkachl	Nachttopf; auch als Schimpfwort
Fex	Blödsinniger, Spaßvogel, Possenreißer
fexen	(Geld) eintreiben; in die Scheune bringen
fiaßln	füßeln; jemandem den Fuß so hinstellen, dass er darüber fällt; im Gehen eilen
fick(e)n, figgn	reiben, fegen; hin und her fahren; kopulieren (vulgär)
Fi(e)sch	Fisch; scherzhaft für schüchterne Person
flaggisch	unsauber, unflätig, schweinisch
Floigntatsch	Fliegenklatsche
fuchtig	unwillig, zornig
fuchtln	nervös mit den Händen herumtändeln
Fu(s)chz	Furz, Darmwind
Fuslwerch	schlechte, nachlässige Arbeit

G

Wörter, die Sie unter G nicht finden, stehen sicher unter K

Gab, Gåb	Gabe, Almosen
gab(e)ln	mit aufgestreckten Fingern schwören; verschiedene Bewegungen machen, besonders mit den Händen
gabig, gabich	verkehrt; ungeschickt; launig, eigensinnig, halbverrückt
Gach, Gachn	Eile, Hast; *gach* (eilig, hastig, schnell, rasch). *Er is gach gstorbn.* (Er ist rasch gestorben.)
Gachwind	Schneegestöber; Sturmwind
Gadn, Gaden	Gemach, Vorrats- oder Speisekammer
Gaf(f), Gafn	die hohle Hand
Gaffer	Kämpfer; Schaulustiger
gagg(e)n	koten, seine große Sache verrichten
Gåggele	Ei (Kindersprache)
gåggezn	stammeln, stottern
Gåggezer	Bergfink
Gagglwerch	wertlose Arbeit
gagkelen	gehend hin und her schwanken
Gagl, Gogl	Exkrement kleiner Tiere oder Kinder;

	Kotknollen; scherzhaft für kleinen, Menschen, kleines Kind; s. a. *Zöb(e)l*
gail, goal	geil; fade, abgeschmackt, unangenehm; süßlich, fett (Essen)
gal	schlüpfrig; gelb
gallig	zornig, erbittert
Galm	lauter Schall
galt sein	trächtig sein (Kuh)
Galtling	noch unfruchtbares, keine Milch gebendes Rind
Gambs, Games	Gämse; *gambsig* (brünstig, geil)
gambsen	lustig hüpfen (wie eine Gämse)
Gambsjakl	der Teufel
Gamp'	lustige Dirne
gampeln	scherzen, sich im Scherz herumbalgen
Gamskrickl	Gämshorn
Gan	Funke
Gång, Gank	Gang, Abtritt
Ganggerl	Teufel, Krampus, böser Geist; scherzhaft für aufgewecktes oder unartiges Kind
Gangl	Biene, Wespe
gansen	kokettieren
Ganster	Funke
ganz, gånz	ganz; vor Materialsubstantiven, z. B.: *Die gånze Milch is verschüttet. Das gånze Geld is weg.*

Gardi, Gwardi	Sicherheitswache, Garde
garen	in einer Sache herumstöbern, stechen
garig	langsam, bequem; ohne Umstände
garrezn	knarren (wie eine nicht geschmierte Tür), ächzen, krächzen
Garrezer	Ächzer, Stöhner; kleiner Schreier, Wiegenkind
Gart'	Gerte, Rute
Gartl	Gärtchen, Hausgarten
gassnlaffen	die früher übliche militärische Züchtigung; etwas Hartes, Mühevolles unternehmen
gassl(e)n	fensterln. *Wer ins Gassl geht,* der fensterlt.
Gast, Gåst	hässlicher Mensch (Schelte)
Gatter, Gadern	Gatter, Gitter, Zauntor, Absperrung
Gatz(en)	Schöpfer; Geschirr aus Metall zum Schöpfen von Flüssigkeiten
gatzig	geschäftig, flink, geschwätzig
Gau, Gai, Gäu	Gau, Land im Gegensatz zur Stadt oder zum Gebirge; *a's Gai geahn* (auf das Land gehen)
Gauder(fest)	Frühlingsfest am 1. Sonntag im Mai in Zell am Ziller
Gaudi	lustige Unterhaltung
gauffeln	mit zu einem kleinen Hohlraum gefalteten Händen schöpfen
Gaug(g)e	Durchfall

Geada, Geadl	Gertr(a)ud
Geascht	Gerste
Gebhart	scherzhaft für jemanden, der ungern gibt
Gebnacht	Vorabend bzw. Nacht zum Dreikönigstag (6. Jänner); in dieser Nacht wurden früher an arme Leute Almosen gegeben, daher der Name *Gebnacht*
Gedeas	Getöse
Gegagk	unangenehmes Geschrei
gegkn	Possen machen, närrische Sachen tun
geign	geigen, prahlen, angeben
Geit	Geiz, Habgier; Lust, Begierde nach etwas
gellen	schallen
gelsen, gelzn	heulen, schreien
Geltsgott	»Vergelte es Gott«, Dankeschön
G(e)mach	Wohnung, Stube, Kammer, Zimmer
g(e)main	gesamt, sämtlich, allen gemeinsam; herablassend, leutselig, populär
gen, gian	gähren, aufgehen (z. B. Backteig)
G'far	Gefahr, Hinterlist, böse Absicht
G'nagg	Genick, Nacken
g'nua(g)	genug
Germ	Hefe
gestrig	von gestern; Folgen des Vortages spüren
g'fiarig	bequem, was sich leicht handhaben lässt

g'frassig	gefräßig; auch: gut genährt ausschauend; *g'sund und g'frassig sein* (in bester Verfassung sein)
G'fri(e)s	Gesicht, Maul (verächtlich); *Gfrieser schneidn* (Grimassen schneiden)
G'hear, Kear	Gehör; Musikverständnis
gi(a)rig	gierig; toll, lustig. *A giarigs Auto* ist ein tolles Auto.
Giftla	Drogensüchtiger
Gitsch(e)	Mädchen, unverheiratete Person
glabi	glaub ich, wie ich meine
G'lachter	Gelächter
gla(n)ggl(e)n	sich langsam schlotternd fortbewegen
Got, Göt	männlicher Pate, das Patenkind
Grafflwerch	wertlose Gerätschaften
Grall(ei)	Kügelchen an der Perlenschnur, am Rosenkranz; Bläschen in Flüssigkeiten
Gratt(e)n	Karren, altes Fahrzeug
Grauwuzla	scherzkaft für (grauhaarigen) Pensionisten
Grint	Kopf, Schädel; starrköpfiger Mensch
Groiggn	Fettgraupen, ausgelassene Fettteile (Schwein)
G'schear	Kummer, Mühe, Plagerei, Unannehmlichkeit
g'sparig	sparsam, knausrig
Guetele	Naschwerk für Kinder, Bonbon
gwigketzn	schrillen, knarren

H

ha	was?
ha(a)l	glatt, eisig; schlüpfrig
Hab', Håb'	Hab und Gut, Vermögen
Håbergoass	Sagengestalt (halb Vogel, halb Geiß); Kuckuck
habn, ham	haben; halten, festhalten
Haderlump	Lumpensammler (früher), Schlitzohr (heute)
Haf(e)n	Topf, Hafen; große Kuhschelle
haftig	heftig, ungestüm, eifrig, emsig bei der Arbeit
hagg(e)ln	mit gekrümmten Fingern gegenseitig ziehen und dadurch die Kraft messen; ein- oder aushängen; zanken, streiten, hadern
Hågl	Hagel; Unglück
Hågmoar	der stärkste Bursche, der beste Raufer
Hai	Heu
Haiden, Hoadn	Heidekorn, Buchweizen
hai(el)en	liebkosen (Kinder), streicheln, ein Küsschen geben; eigentlich *ei-ei* sagen

haien	pflegen, hegen, hüten
hail, hoal	heil, ganz
haimel(e)n	an die Heimat erinnern, wehmütig daran denken
hals(e)n	um den Hals nehmen, umarmen
halt(est)	meinetwegen, nun denn, in Gottes Namen. *Dann gehst halt tanzn.* (Dann gehst du meinetwegen zum Tanz.)
hamisch	hämisch, tückisch, listig; heimlich
Hans(l)	Johannes
Hant drauf!	Versprechen beim Handschlag
hantig	bitter schmeckend, wie Galle, scharf, beißend; mürrisch, widerlich
happern	hinken, nicht fortkommen; stecken, ein Hemmnis. *Da happert's!* (Da fehlt es.)
Haradaxl	Eidechse
Harbeutl	Rausch
haret	von Haaren, mit Haaren bewachsen
Haringsseel'	dünne, schwächliche Person
Harsch	gefrorener Schnee
harwes	aus Leinen. *A harwes Hemmet* ist ein Leinenhemd.
Hascherl	armes, kränkliches Kind
hascht	schwer, anstrengend
Haspele	ganz verzagtes Kind oder Weib
hatsch(el)n	hätscheln; streichelnd liebkosen

Haufn	Haufen; jede unbegrenzte Menge; *ganze Häufn essn* (ganz viel essen)
Haufen machn	Darmausscheidung (Kindersprache)
haus(e)n	haushalten, wirtschaften; ein Haus bauen
Häusl	kleines Haus, Häuschen; Toilette; *aus dem Häusl kommen* (zornig werden, aus der Fassung geraten)
Häuterle	armes, schwächliches Kind, krankes Kind
Heber	Hosenträger
hebig	Was gut und dauernd hält, ist *hebig*.
Hefel, Höfel	Sauerteig, Hefe, Dampfl für Germteig
heili(g)	heilig; gewiss, zweifellos. *Dös is heilig derlogen!* (Das ist gewiss erfunden, erlogen!)
Heilige Zeitn	Feiertage
Helderer	Widerhall, Echo
hellliecht	ganz klar, ganz hell
Hendl	Hühnchen; furchtsame, schwache Person
henket	hinkend
Hennasteign	Hühnerkäfig; scherzhaft für Bett
Henneler	Feigling
herbstelen	sich dem Herbst nähern, Herbstwetter haben
herbutzn	umbringen, töten
Herdschmiedl	Holzwurm
herentabei	diesseits

Herentere	der Hiesige
Herer, Hörer	lässiger, feiger, mutloser, daher überhaupt armseliger Mensch
Herobere	der Obige
herter Kopf	starrsinniger Kopf
herumdoktern	Wenn jemand krank ist und sich selbst zu helfen versucht, dann *doktert* er *herum.*
Heruntere	der Untere
Herz, Heaschz	die Brust, das Herz
heschgen	schluchzen
Heubrunzer	feiger Mensch
Heugeign	lange, dünne Person
heugn, haign	heuen, Heu machen
Heuschnegk	Heuschrecke
Hias(l), Hiasei	Matthias (verkürzt)
hie(n)	hin; tot, kaputt
hieraumen	auf die Seite räumen
hiesig	hier seiend; von hier
Hifler, Stifler	Gestänge zum Trocknen von Gras/Heu
hilb, g'hilw	nebelig, von Wolken eingehüllt
Himm(e)l	Himmel; Baldachin, unter welchem bei der Prozession der Priester schreitet; Gewölbe in der Kirche
Himmelbrand	Königskerze
Himmelring	Regenbogen

Himmlmama	Muttergottes (Kindersprache)
Himm(e)ltati	Gott (Kindersprache)
himmlizen	wetterleuchten, blitzen (ohne Donner)
Himper, Imper	Himbeere
hinterstellig	rückständig, zurückgeblieben
hintnach	hintendrein, wenn es zu spät ist
hintri(g)st	zu hinterst, zu unterst
hirnrissig	dumm, toll, unsinnig, idiotisch
hitzen	heiß machen
hoachgsechn	stolz, hochnäsig
Hoamatl	Elternhaus, Zuhause
Hoamrearer	jemand, der nach Hause will
Hois	Matthäus
Hol(d)ermandl	aus Holunderbeeren gekochter Brei bzw. Kompott
horniglen	vor Kälte prickeln, brennen
Hosnkrax	Hosenträger
hottlat	lumpig, zottig
Huder	alter, zerrissener Fetzen, Leinwand
hui	Ausdruck der Freude. *Hui lustig!*
Hundsfut	Schimpfname für feige, niederträchtige Menschen
Hunk	Honig
hussen	aufhetzen, reizen

I/J

a b c d e f g h i j k l m n o p q r s t u v w x y z

iatzamål	jetzt einmal, neulich
Iaxn	Achselhöhle. *An Binggl unta da Iaxn* hat jemand, der nicht gerne arbeitet.
Iesl	Unrat, Schmutz, Kehricht
iez(e), iezat	jetzt, nun
Ilg(e)	Lilie
Ilm(a)	Ulme
Imfill	Fülle, Einfülle, Krapfenfülle
Imme, Imp(e)	Biene
Imphaisl	Bienenhaus
Impinga	Imker, Bienenzüchter
Imster	lichtfarbene Kuh
in	drinnen, innen
Inde, Inte	Stimmung, Laune
Ingebeu	innere Baulichkeiten
Ingraisch	Eingeweide, Innerei, Gekröse
inhoamisch	einheimisch

inkoien	wiederkäuen
Inn	Hauptfluss in Tirol, an welchem auch die *Inschbrugga* wohnen
Inschbrugga	Bewohner von Innsbruck
intillig	eingefallen, hager
intressiert	eigennützig
inwendig	drinnen, an der Innenseite
Inzl	dunkler Wohnraum
Irch	fein gegerbtes Wildleder
irden	aus Ton
Iss(e)	Waldwiese, Wiese neben einer Almhütte
isslig	empfindlich, schnell beleidigt
it, ’it?, ita	nicht
Jacht, Jåcht	Jagd
jachtelen	jagen, die Jägerei lieben
Jagg(n)	Jacke, Joppe
Jochreasl	Alpenrose
Jörg	Georg, Hansjörg
Juch(e)zer	Jauchzer, freudiger Schrei
Jungbrunn	Heilbad, Heilwasser, Kuranstalt
Jutte, Juttn	Molke; Schweinetrank

K

abcdefghij**k**lmnopqrstuvwxyz

Wörter, die Sie unter K nicht finden, stehen sicher unter C oder G

kaal	abgeholzt, abgeerntet, kahl
Kaas	Käse, Käselaib; dummes Gerede
kaasdrengen	prahlen, angeben, groß tun
Kaaser	Käser, Käsereifacharbeiter
kassig	zäh oder bleich wie Käse
Kaaspappele	Malve
kaasplaach	käsebleich, krank aussehend; auch: *kaaswaiß*
Kasspruch	Topfen (Quark) im Käsekessel
Kabes	Weißkraut, Kohlkraut; Dummkopf
Kabespletsche	Weißkrautblatt
kachezn	laut lachen
Kachl, Kåchl	Nachttopf; große Schale; Ofenfliese; Schimpfwort für Frau
Kadai, Katai	Katharina
Kaib	unverlässlicher Mensch, Spitzbub
Kaibldreck	scherzhaft für Senf
Kaich(e)	Gefängnis, Verließ, Kerker
kaichn	keuchen, schwer atmen

Kaid(l)	Keim, Sproß
kaidn	keimen
kaif	fest, gedrängt, prall voll
Kail	Keil, Spaltkeil; dicke Brotschnitte
kaisch	geschmeidig, schlank
kal(l)n	bellen, heiser husten
kalabrisch	durcheinander, fast betäubt, ermattet; aber auch: betrunken; nervös
Kalch	Kalk
kalchig	mit Kalk beschmiert, bestrichen
Kalfakter	dreckiger Mensch
Kalder, Kaller	Keller
kaltn	behalten, aufbewahren
kam	kaum, nur
Kamedi	Theater, Unterhaltung, Spaßmacherei
Kamien	Rauchfang; Kamin
Kammer	Schlafzimmer, Gemach, Kammer
Kamp	Kamm des Huhns; Rindernacken
Kampl	Haarkamm; lustiger, netter Kerl
kampl(e)n	kämmen
Kanali	böses, schlechtes Weib (Schimpfwort)
Kanari	Kanarienvogel
Kandl, Kåndl	Kanne, Blechkanne
Kandlzukker	Kandiszucker

Kanzl, Kånzl	Predigtkanzel in der Kirche; Felsvorsprung
kanzln	kuppeln; einen scharf zurechtweisen
Kapare	Vorauszahlung, Anzahlung
Kapfer	Dachfenster, Dachlucke, Dachvorbau
kapiern	verstehen, begreifen
Kapittl	Kapitel; Ära, ein bestimmter Zeitraum
kappern	wegnehmen, stehlen, stibitzen
Kappl(e)	Kappe, Mütze, Fingerspitze
kappm, kappn	Spitze wegschneiden
Kappo	Chef, Anführer, Obmann, Hauptmann
Kapuziener	allgemein für Mönch, Pater; Pflanze
Karb, Karm	Kerbe, Fuge (bei Balken und Stämmen)
Karb, Koarb	Korb
karessiern	leichtfertig liebeln
Karfioul	Karfiol, Blumenkohl
Karmenatl	aus *Faschiertem* gebratene Speise
Karnergulasch	Erdäpfelgulasch mit Wurst
Karnier	Tasche, Ledertasche, Schultasche, Sack
karniffl(e)n	misshandeln, verprügeln
Karntn	Kärnten
karrig	früh aufgestanden, nicht ausgeschlafen
Karrn	Karren, Handwagen, altes Gefährt
Kar(r)ner	umherziehendes Volk; Schimpfwort für faule, nichtstuende Person

Kart(n)	Spielkarte, Landkarte, Fahrkarte etc.
Kartag	Gründonnerstag, Karfreitag und Karsamstag sind *Kartag*; auch: Tag des Begräbnisses eines Verstorbenen
ka(r)tatschn	Wolle (zer)zausen, lockern
Karter, Korta	der Kartenspieler, ein Kartenspielchen
Karwendl	Lavendelkraut, Thymian
Kaschperl	Kasperl, Hanswurst, Spaßmacher
Kas(ch)teler	besserer Schnaps für lieben Besuch, der in einem kleinen Schrank (Kasten) aufbewahrt wird
Kas(ch)tl	Kästchen, kleiner Kasten
Kasermandl	Sagengestalt, Kobold auf Almhütten
Kasettl, Kasedl	Trachtenhalstuch, das über die Brust reicht; meist allgemein für die Unterinntaler Festtagstracht, Halskette
Kass(l)	Kassian
kassig	spöttisch, gemein daherredend
Kaswåsser	Molke
Katakes	Katechismus
Kathreinwurz	Arnika
Kattl	Katharina
katzgrau	ganz grau
Katzlkatz	Katze mit Jungen
katzn	rasch ergreifen, fangen; graben, scharren
Katzngschroa	schnell geröstetes Essen

Katznloater	kleiner Steig im felsigen Gelände
Katznpech	Kirschbaumharz
Katznschwoaf	Schachtelhalm, Zinnkraut
Kauderer	Hausierer
kaunzn	bellen, murren, zanken
kausch	*Er is nit ganz kausch!* (Er ist nicht ganz unbedenklich, unverdächtig!)
kea(r)n	kehren, wenden
kea(r)nig	kernig, gesund
keadern	ködern, locken
Keische	kleine Hütte, kleines Haus
kek	keck, frech, wagemutig, furchtlos
kemma	kommen
Kendl	Dachrinne
Kengl	herabhängender Nasenschleim
kenna	können; kennen
kentn	heizen; leuchten, Licht machen
kepfn	köpfen
Keste	Kastanie
kettnen	Ketten machen
Kien, Kiem	harziges, pechiges Holz
Kies(l), Kias(l)	weibliches Kalb
kilb	leicht bewölkt
Kilm	Gewölk

Kin, Kine	Kinn
kindelen	kindhaft arbeiten, spielen
Kinzin	Babysitterin, Kindermädchen
kinzn	babysitten, Kinder betreuen
Kirchfart	Wallfahrt
Kitte	Quitte
Klachl	Glockenschwengel; Nasen- oder Rachenschleim; ungefügiger, großer Mensch; Penis (vulgär)
Klaisl	Verkleinerungsform von Nikolaus
klampern	hämmern, klimpern, spenglern
Klampfe	Gitarre
Klank	Glockenschlag, Ton
Klapper(mül)	schwatzhafter Mensch
klappern	tratschen, viel reden
klappm	schließen, einfügen
Klass, Klåss	Spalte, Riss; Schulklasse, Abteilung
klemma	sparsam sein, nicht gern Geld ausgeben
Klem(m)hirsch	Hirschkäfer
Klemmsekkl	Geizhals
Klepflsingar	Adventsinger, Anklöpfler
klewa, klewer	schwach sein, kränklich, schmächtig
Klieber	Holzarbeiter
kliebm	spalten, klieben

klimpern	auf einem Tasten- oder Saiteninstrument schlecht spielen
kloabm	verkleben
kloan, klue(n)	klein, schmächtig
Kloapirn	Dörrbirne, meist geviertelt
kloaweis	kleinweise, nach und nach, im Einzelnen
klokkn	klopfen, hämmern, zerklopfen
klueg	dünn, fein, zart; vorsichtig, sparsam
knafl(e)n	knöpfen, knöpfeln
knaipm	Kneippkur versuchen
knarrezn	knarren
knastern	krachen, knattern
Knepfl	kleiner Knopf, Knöpfchen
kniepechtat	X-beinig
knieweit	O-beinig
Knoi(dl)	Knäuel, Stoffknäuel
Kno(u)fl	Knoblauch
Ko(a)tlakn	scherzhafter Name für den Innsbrucker Stadtteil St. Nikolaus
Koaser	Kaisergebirge, zwei Gebirgszüge der Nordtiroler Kalkalpen
Kopfziache	Kopfpolsterüberzug

L

-la	eine tirolerische Endung wie in *fraila* (freilich), *grausla* (grausig) usw.
la(a)r	leer
Lab	Laub, Blatt, Blatt im Kartenspiel
labfrisch	ganz frisch, munter, aufgeräumt
Labm, Labe	äußerer Gang, Balkon um ein Haus; WC
Labuschi	ein ungeschickter, tölpelhafter Mensch
Ladbrief	geschriebene Einladung
Låderer	vernachlässigter Mensch
laff(e)n	rennen, laufen
laf(f)ig	brünstig (bei Hunden)
Laggl, Lagkl	junger Mensch nicht der feinsten Art, Schlitzohr, Zierbengel, Nachlässiger
laid, load	hässlich, abscheulich, widerwärtig; zänkisch, streitsüchtig
laidig, loadig	betrübt; Furcht, Angst einflößend; *loadig sein* (Zweifel haben)
laipn, loapn	übrig lassen (besonders beim Essen)
Lak(n)	Lache, kleines stehendes Gewässer
landlerisch	ländlich; zum Land gehörig

Langes, Langs	Frühling
lantschen	herumstreichen, vagabundieren
Lapp, Lappin	blödsinnige Person
lappet	töricht, blöd, dumm, irrsinnig
Larifari	nichtssagende Sache
Lasch	Lasche, Zunge im Schuh
Latsch(e)n	ausgetretene Schuhe oder Patschen
laugnen	ablaugen; leugnen
Lauser	Kamm zum Lausen; scherzhaft für schlitzohrigen Menschen
leasln	losen, verlosen, auslosen, ein Los ziehen
lebfrisch	munter, lebenslustig
Lebtåg	Lebenszeit. *Dös håb i mei Lebtåg nit gsechn!* (Das habe ich, solange ich lebe, nicht gesehen!)
lei	nur, bloß, lediglich; eben, gerade, nun einmal. *Lei drei Stuck Viech* sind nur drei Stück Vieh.
leiern	nachlässig hin und her bewegen
letschat	weich, teigig, nicht mehr frisch
Liachtn	die Helle, der Tag
Lumpnbagasch	Lumpengesindel, Gesindel
lupf(e)n	emporheben, aufheben, stemmen
lutzl(e)n	saugen, schlürfen; trinken

M

Maad	Grasfläche, die gemäht wird; das Mähen
Maal, Mål	Farbfleck, Schmutzfleck; Merkzeichen
mach(e)ln	basteln, reparieren; verloben, vermählen
Måcher	Handwerker, Meister, jemand, der etwas repariert
måchn	herstellen, produzieren, etwas tun
Mader, Moda	Marder
Madl	Mädchen, Tochter
Magen, Må'n	Mohn
Magge(n)	Eindruck, kleine Vertiefung, Delle
maggelen	faul riechen
maggiern	markieren, etwas vorspielen, vormachen
maggn	pressen, stoßen, drücken
Magn, Mågn	Magen, allgemein für Bauch
Mågnweah	Bauchweh, Magenschmerzen
Mai, Moidn	Mai; das grünende Birkenreis
Maier	Verwalter, Betreuer eines Gutes
Mail, Moal	Mal, Makel, Narbe, Wunde

mainen, moan	meinen, glauben. *Moanen tuan die Hennen* sagt man scherzhaft zu jemandem, der andauernd »ich meine« verwendet.
Maipech	Fichtenharz
Maisn, Moasn	Meise
Maische	gepresste Früchte bzw. deren Saft zum Gären fürs Schnapsbrennen
maist, moast	meist(ens)
Maiste	die Hauptsache
Mal(al)	Mahl, Gastessen, Festessen
maln	malen, streichen, pinseln, anstreichen
Malefitz	Fluchwort
malffn	zahnlos kauen
Malta	Mörtel
Mamm(e)	Mutter (Kindersprache)
mammelen	Wenn sich Kinder an ihre Mutter schmiegen, dann tun sie *mammelen.*
mampfn	mit vollgestopftem Mund kauen
Man, Mon	Mond; auch: *Mun*
Mandl	Männchen, kleiner Mann, Figürchen
Mange(i)	Murmeltier
mange(r)n	auswringen, Tuch pressen, plätten
mangglen	heimlich tauschen, handeln
Manier	schickliches Benehmen, Manier
Mann	Mensch, Mann, Ehemann

Mannder	Männer
manschen	durcheinander mengen
mar(ig)	kund, ruchbar, bekannt
Mar, Mär	Rede, Sage, Erzählung, Legende, Märchen, Fabel
mar, mor	mürbe
March	Grenze, Grenzstein; Bezirk; abgegrenzter Grund und Boden
Marend(e)	Nachmittagsjause
marktlen	feilbieten, feilschen, handeln
Marml, Marbl	Marmor; Marmorkügelchen als Spielzeug; auch: *Murmln*
marod(ig)	ermattet, kränklich, angeschlagen
Marter	Wegkreuz, Kruzifix; Qual, Folter
Marterle	gemaltes Bild als Erinnerung an einen an Ort und Stelle stattgefundenen Unglücksfall
Marterwoche	Karwoche
Martl, Mascht	Martin
Maschgara	Maskierter, Faschingsnarr; Maskerade
Maschin	Motorrad
Masch(n)	Masche, Schleife
Masel, Masen	das Mal, die Narbe(n)
massleidig	satt, eines Dinges überdrüssig
masslen	ein Ziel auswerfen (beim Stockschießen)

matsch	zerdrückt, verloren, tot sein
matschen	malmen, zerquetschen
Matz(en)	durch einen Schlag, Stoß bewirkte Höhlung; Makel, Fleck; Beule
maudern	schmollen
mauen	zaudern; schläfrig tun; verdrießlich sein, mürrisch reden
maugken	beiseite schaffen
maugkezn	miauen; kuscheln
maulen	widersprechen; zanken, schmähen; auch: schmeicheln
mauscheln	im Handel betrügen, etwas vertuschen
mausen	Mäuse fangen; heimlich schleichen und stehlen; Geschlechtsverkehr haben (vulgär); das Gefieder wechseln
mauset	heimlich, still, mausfarbig (grau)
Maustrapp(e)l	Mausefalle
Mauz	Katze
maxen	sich an etwas abmühen, erfolglos anstrengen
mea, mear	mehr. *Die mearern* sind die meisten, der größte Teil.
meadern	umbringen, töten, morden, zugrunde richten, verderben
Measl, Moasl	Meise
mei, mei!	Ausruf des Bedauerns, Beteuerns

melch(e)n	melken; auch: ausbeuten, nehmen; einem das Geld abspielen, herauspressen
menscheln	menschlich, fehlerhaft handeln
Merker	Gedächtnis
Mett(e)n	die Mette; Lärm, Getöse
mexl	gut gemacht, wacker, stark
migele	bisschen, ganz wenig; *koa migele* (nicht das Geringste)
Mittwig	Mittwoch
Moarin	beste oder stärkste Kuh auf der Weide
moassln	meißeln, stemmen, bildhauern
moastern	meistern, gescheit tun, jemandem etwas zeigen wollen
mocket	verdrießlich, kopfhängerisch
Moid(l)	Maria; auch: Kosename für die Sonne
Moraggl	Mohr, Mensch mit dunkler Haut
Muschein	Mondschein, Halbmond
Much	Michael
muffelen	übel riechen, schimmelig riechen
muggig	Wenn viele Mücken herumschwirren, dann ist es *muggig*.
Munggezer	leiser, kurzer Laut
murfln	unverständlich mit geschlossenen Zähnen reden; murmeln

N

na	nein; Kurzform von »nach«, »hernach«
na, no	nun (besonders als warnender Zuruf)
nachnt	nahe, beinahe
nach(e)nter	näher
nachpefn	nachspotten, jemanden nachahmen
nacht	gestern
nacket	nackt, entblößt
Nadl, Nandl	Großmutter, Oma; s. a. *Nen*
Nagele	Die Nelke ist die Lieblingsblume auf Tiroler Bauernhäusern; s. a. *Raßnagele*
nagg(e)ln	sich lose hin und her bewegen
Naggler	wankende Bewegung, Rausch
nahn	nähen
namen	nennen, benennen
nana	o nein!
Nandl, Nannei	Anna, Marianna
napfez(e)n	einschlummern, kurz einnicken
Nasvoll	eine Prise Schnupftabak
Natsch	Schwein; *Natsch, natsch!* (Lockruf)

Neaderseitn	Nord- oder Schattenseite eines Berges
Neater	Notleidender
nei, noi, nui	neu, aktuell
Neid(a)l	Liebkosung, Kuss, Wange an Wange
Nen, Ne(n)dl	Großvater, Opa; s. a. *Nadl*
Nestscheißer	Letztgeborener in einer Familie
nett, netta	genau, eben, just; *nett a so* (genau so)
Neuner(le)	Vormittagsjause (quasi um neun Uhr)
niedertrachtig	herablassend, demütigend, niederträchtig
niedertuen	gebären
nig(ke)ln	einen bei den Ohren, Haaren schütteln
ninderst	nirgends
noa, nue	nein
nobl	herrisch, den Vornehmen spielend
noila(ch)	neulich, vor kurzem
Notnickel	jemand, der in Not und Armut steckt
nudeln	wie eine Nudel kneten, abwälzen
Nueff	Betschwester; zudringliche weibliche Person
nueschen	herumwühlen wie ein Schwein
nusch(e)ln	undeutlich, wie durch die Nase sprechen
nuss(e)n	schlagen, prügeln
nutsch(e)ln	saugen
nutz	nützlich, brauchbar, gut, brav

Wörter, die Sie unter O nicht finden, stehen sicher unter A oder E

o!, oh!, ö, öh!	Ausruf des Staunens
oar, ohar, ocha	herab, herunter
Oarnschliafa	Ohrwurm
Oarwaschl	Ohrläppchen
Oastern	Ostern
obm, obn	oben; *oba doba* (oben droben)
obrigst	ganz oben, oberste
o(c)ha	Ausruf des Staunens; Laut zur Bezeichnung des Stillstehens; ironisch abweisende Verneinung: warum nicht gar!
ochez(e)n	ächzen
oichn	hinab
Ommes	Ameise
Opfer	Geldspende in der Kirche, Opfer
öpper	etwa, jemand; *öppes* (etwas)
Örtl, Easchtl	kleiner Ort, Örtchen; Toilette
ött	nun einmal, eben, doch
Ox	Ochse; Schimpfname; *Oxnaug* (Spiegelei)

Wörter, die Sie unter P nicht finden, stehen sicher unter B

Pacht	Kraft, Munterkeit; Mietzins für ein Grundstück
Paff	Laut, Schall
paff sein	sprachlos sein, so überrascht sein, dass man kein Wort mehr sagen kann
paffen	schlagen, schallen; rauchen
paggeln	langsam und still dahergehen
Paggler	gutmütiger Mensch
Pak, Pakt(l)	Pakt; Paket; auch: Geschenk
palantern	wegschleudern, fortstoßen, hinauswerfen
Palm	Büschel von Zweigen der Palmweide, der Stechpalme, des Sebenbaumes, der Mistel, des Efeu u. a. zur Weihe am Palmsonntag
Palmesel	Spottname für jene, die am Palmsonntag zuletzt aufstehen, als Letzte in die Kirche kommen oder die Palmstange umwerfen
Palmkatzl	Blütenkätzchen der Weide (*Salix capraea*)
Pam(p)f	dicker Brei

pam(p)fen	stopfen, schoppen (essen)
Pamperl	Lämmchen; auch: braves Kind
pampfdick	dick wie ein Brei, vollgestopft
Panadlsupp	eine typisch österreichische Suppe mit Einlage aus Semmeln und Eiern
pantsch(e)n	eine Ohrfeige geben, schlagen (besonders Kinder); durcheinander mengen
Papaa!	Abschiedsgruß der Kinder beim Fortgehen, bei dem sie mit der Hand winken
Papp	jede Speise, besonders die süße (in der Kindersprache); *nit papp sågn kenna* (ganz unwissend sein); Pappe, Kleister
Pappele	Kinderbrei, Fläschchen für Kinder
pappierlen	jemand zum Besten halten, ihn narren
Pappnschlossa	Zahnarzt
par und par	paarweise
Par, Por	Paar, paar
Parl	Pärchen, Ehepaar, Liebespaar
parlieren	reden, heftig mit Gesten sprechen
pasch(e)n	würfeln
Pass	Lauer: *Wer auf da Pass ist*, liegt auf der Lauer; auch: Gruppe. *A Peaschtlpass* ist eine Perchtengruppe.
pass(e)n	im Kartenspiel aussetzen, warten
Pater(l)	Mönch, besonders geldloser; daher sagt man *Pater sein* (kein Geld haben); Rosenkranz; Paternoster

Patscherter	Tölpel, ungeschickter Mensch
patschen	einen Schall, dumpfen Laut hervorbringen; mit der Zunge, Geißel *patschen*; zuschlagen, dass es schallt, die Türe zuschlagen, mit den Händen klatschen
Patschgori	ungeschickt daherredender Mensch
patschierig	possierlich (Kinder und kleine Tiere)
Patschn	Filzschuh; Fuß; kaputter Reifen (Auto)
Pau(n)tz(e)n	knollenförmige Mehlspeise; knollige Person; überhaupt jedes kleine, runde Ding
pechelen	nach Pech riechen
Peechmandl	Sandmännchen, Schlaf. *Wenn 's Peechmandl kimbt,* kommt der Schlaf.
pef(f)n	bellen; jemanden anschnauzen, anfahren
Pein	Pein, Krankheit, Schicksal, Leid
pelzen	pflanzen, pfropfen; schlagen, prügeln
Percht(l)	schmutzige, unordentliche Person; Dämonengestalt, Sagengestalt
Perlagg(e)n	beliebtes altes Kartenspiel
Perspektiv	Fernrohr
Petschier	Siegelwachs, Siegelstock, Siegel
Pfa(i)d, Pfoad	Hemd, Bluse
Pfalze	Stütze, Säule
Pfarfl	Milchsuppe mit zerriebenem Teig
pfatschen	knittern, leise knallen; gerichtlich versteigern

Pfeffa	Pfeffer
pfeffern	einem derb die Wahrheit sagen
pfent	dicht, zusammengedrängt, schnell, stark, gut, nahe; *pfent arbeiten* (fleißig und gut arbeiten); *pfent bei mir* (nahe bei mir)
Pferscher	Pfirsich
pfetzen	klemmen, zwicken
Pfifferling	in Tirol allgemein für Eierschwammerl gebraucht; allgemein für jede wertlose, unbedeutende Sache
Pfinztag	Donnerstag, der fünfte Tag
pfisen	mit dem Schneebesen abrühren
pflennen	weinen und dabei den Mund verziehen
Pflotsch	dicke, plumpe Weibsperson
Pflumpf	dumpfer Schall
pfnatschen	knallen, platzen, schnalzen (lautmalend)
pfnechen	schnauben, keuchen
Pfnüsel	Schnupfen
pfnuttern	verhalten lachen, kichern
Pfot(t)	Pfote, Tatze; scherzhaft für Hand
Pfotsch(en)	abgehauener Baumwipfel, junges Bäumchen; Haarbüschel
Pfra(i)m	leichter Reif zur Winterszeit
pfraimig	mit Reif bedeckt
Pfraum	Pflaume

Pfrillen	kleine Fische, Ellritzen
Pfui Teifl!	»Pfui Teufel!« sagt man, wenn etwas unsauber, grausig, dreckig ist.
pfuseln, fiseln	die Fäden auflösen, auffädeln
pfutschen	schnell hineinschlüpfen
Pi(c)k	Kleber, Kleister, Leim
pick(e)n	wie Pech kleben, haften, kleben. Wer *oan pickn hat,* der hat einen Rausch.
Piefke	scherzhaft für Bewohner Deutschlands
pik(e)ln	mit der Spitzhacke oder Haue arbeiten
Pin(t)sch(a)	Hund; Hut
Pip(n)	Pippe, Spund am Fass, Wasserhahn, Bierhahn
pipl(e)n	viel trinken
Pitsch(ei)	Semmel, Weißbrot
pladernass	ganz nass
planeben	ganz flach
plear(n)	heulen, weinen, plärren
platschen	mit charakteristischem Laut flach auffallen; stark regnen
platschnass	völlig nass, durchnässt
Platten	plattes Stück Stein oder Metall; kaputter Autoreifen
plattern	mit etwas Flachem (besonders der Hand) wiederholt schlagen; jemanden versohlen

plattlen	flachen Steine so über die Wasserfläche werfen, dass sie möglichst oft weiterspringen
Platzweib	Marktweib
Plausch	Geschwätz
Plearhaufen	immerfort weinende Person (meist Kind)
pleatan(g)	Zillertaler Dialekt sprechen
Plempl, Pleapl	schlechte Sache, schlechtes Getränk; auch: dumme Person
plempern	Zeit vertrödeln
Plent(n)	Buchweizen; auch: für Maismehl
Pletz(en)	Stück von einem Ding, Fleck
P(f)letzen	Stoßwunde, die jemand bei einem Unfall erhalten hat; Wundfleck
pligketzen	blitzen; die Augenlider schnell auf- und zumachen, blinzeln
Polder	Wassergraben, Runs, Tiefe, die sich das Wasser selbst macht
Ploderer	Schwätzer
plodern	rauschen, einen (plo-plo-)Laut von sich geben wie das Wasser, wenn es aus einem enghalsigen Geschirr ausgegossen wird; plaudern, viel und ohne Sinn schwätzen
Plotschgsicht	Person mit eingedrückter Nase; breites Gesicht, aufgedunsenes Gesicht
Pluderhos(e)n	weite, faltige Hosen

plumpsen	breit und mit dumpfem Schall fallen
Plunder	Gerät, Habseligkeiten; wertloses Zeug
plunzet	dickbäuchig, plump
Pocher(er)	Jauchzer, Juheschrei
Pofel	das letzte Gras auf den Wiesen, das man die Tiere abweiden lässt; auch: wertloses Zeug; Geschwätz
Politten	Billet, Zettel; Polizze
polrugket	hohlrückig, mit einem gebogenen Rücken
Pongra(t)z	Pankratius
Popp	Baby, Wickelkind; Puppe (zum Spielen)
poppeln	saugen
Post	Nachricht
prass(e)n	mit Speisen, Geld und anderen Dingen verschwenderisch umgehen
Pratzenhänd	große, hässliche Hände
proper	stattlich, schmuck, ansehnlich
Puch(e)l	eine Art Fackel
Puff	Freudenhaus
pumpern	klopfen, stoßen, schlagen, sodass dabei ein dumpfer Laut entsteht
pur	klar, rein
putzerpisch	Wenn sich Mädchen eitel schön machen, sind sie *putzerpisch*.

abcdefghijklmnopqrstuvwxyz

Q

Quadratlatschn	riesige Füße bzw. Schuhe
quaggezen	quaken wie ein Frosch
Quarg(l)	wertlose Masse, Sache
Quartier kriag'n	eingesperrt werden (ironisch)
Quatemmer	Quatember, ein vierteljährlicher katholischer Fasttag
Quaterpetsch	Art Wassersalamander
quel(l)en	anschwellen machen; sieden
Quetsch	Polizeidiener
quetschen	hin- und herlaufen
quickezen	helle, kurz abgebrochene Töne von sich geben, zwitschern, wimmern
Quinte	Sekunde
Quinten	Launen, Grillen; *quintlich* (wunderlich)
Quintl	Quentchen, vierter Teil
quintlweis	kleinweise
quitt auf	Wenn keiner vom anderen mehr etwas zu fordern hat, sind sie *quitt auf*.

Raam	Milchrahm, Sahne, Obers
Ra(a)ch	Rauch, Qualm, Geruch; *überoi dabeisein, wo da blaue Rach aufgeht* (überall dabei sein, wo etwas los ist)
ra(a)chen	rauchen; räuchern, Rauch erzeugen
rab(e)n	rauben, stehlen
Raber	Räuber, Dieb
radeln	mit dem Schubkarren etwas befördern; mit dem Fahrrad unterwegs sein
Radl	Rad, Fahrrad; *'s Radl is eahm abglaffn* (er ist närrisch geworden)
Radlbeg	Schubkarren für Heu, Holz usw.
Radler	jemand, der Rad fährt; ein Getränk aus Bier und Limonade
Radltruch	Schubkarren mit Truhenaufsatz
Raf(e)n, Rofn	schief aufliegender Tragbalken auf Dachstühlen, Dachsparren
raff(e)n	raufen
Raffel, Råffl	Schimpfbenennung einer alten, besonders geschwätzigen Person

Rafferei	Rauferei, Schlägerei
raggern	sich abschuften, viel und hart arbeiten
raggl(e)n	den Inhalt der Jauchegrube entleeren
Raif, Roaf	Reif, Ring
Rain, Roan	schmaler, mit Gras bewachsener Grenzrand zwischen den Äckern; Rand eines Feldes, einer Wiese, Waldes
raisn, roasn	reisen
raitn, roatn	rechnen, abrechnen, Rechnung stellen
ralen	sehr laut und erzürnt reden
Ram, Råm	Rahmen, Umrandung; Russ, Schmutz
ramen, ramma	räumen, aufräumen; ein Ding entfernen, einen Ort frei machen
Ramm(e)l	ungehobelte Person
rammeln	begatten; sich im Bett wälzen (Kinder); im Scherze raufen, schäkern, spielen
Rampf(l)	Rinde; Brotrinde; Rand
Ramsch	unnützes Zeug, billiger Kitsch
rangg(e)n	sich reiben
rangg(e)ln	raufen (in friedlicher Absicht, im Scherz Kräfte messen, Volkssport), sich balgen, kleine Bewegungen machen
Rangger	Maikäfer; auch scherzhaft für Kinder
rangket	mit länglichen Windwolken überzogen
rankern	sich renken, lebhaft bewegen
Rant	Wendung, Umtrieb; lustiger Streich, Spaß

rantig, ranti	stolz; schmuck, sauber herausgeputzt; listig gewandt. *Dös is a rantiger Bua!* (Das ist ein schmucker Bursche!)
Ranzen, Ranzl	der Ranzen, Ränzlein, bestickter Bauchgurt aus Leder bei vielen Tiroler Männertrachten; scherzhaft für Bauch
ranzig	stinkend, angefault, schimmelig
Rapp	Rabe; schwarzes Pferd
rappedikappe	über Hals und Kopf, über Stock und Stein
rappeln	wegnehmen, heimlich und schnell entwenden
rar	vorzüglich, sehr gut, schön; selten
Ras(ch)tal	kurze Rast, Verschnaufpause
rasch(e)ln	rauschen, kleines Geräusch machen, Papier zerknüllen
Rasel	Zweig, junger Rebzweig
Ras(ch)pl	grobe Feile
rass	von scharfem Geschmack, sehr würzig, heftig, beißend
rasseln	laut schnarchen
Rassnagele	Gewürznelke; s. a. *Nagele*
Rat(t)ich	Rettich
Ratsch(e)	Schwatzweib; Knarre, Kolzklapper
ratsch(e)n	klappern; schwätzen, sich unterhalten, reden
Ratz, Råtz	Ratte

Ratzen(bart)	Schnurrbart
rauch	haarig, rau, roh, bärtig
Rauchnacht	Nacht bzw. Abend, an dem geräuchert wird (Hl. Abend, Silvester, 5. Jänner)
rau(n)z(e)n	in flüsterndem, weinerlichem oder missmutigem Ton reden, kläglich tun, wimmern
rauschig	betrunken
Rearer	Mensch, der weint; Schimpf gegen Verzagte, Mutlose
Re(a)chbrett	Leichenbett, früher auch Leichenbrett
red	fertig, bereit
refen, refeln	auf dem Boden mit allen vieren herumkriechen (wie Kinder)
Reiber(le)	Vorrichtung zum Zuschließen, Riegel
Rem(m)	Tenne, Scheune; Brücke zur Scheune
resch	rasch, heftig; spröde; frisch (Brot)
Riapl, Riepl	Ruprecht; Rüpel
Riedl	zu einem Wulst zusammengedrehtes Tuch oder Stroh bzw. Heu
Riffl	kammähnliches Gerät zum Ernten der Heidelbeeren
rippl(e)n	wiederholt bzw. heftig reiben
Risplraspl	Isländisch Moos
rog(e)l	locker, nicht kompakt oder fest

Sabl	Säbel; scherzhaft für Rausch: *Mei, hot der an Sabl!* (Ach, ist der betrunken!)
sablen	mit dem Säbel dreinhauen; stark essen, trinken, schelten
Sach, Såch	Sache, Ding, Besitztum; Angelegenheit, Geschäft, Handel. *Dös håt nix auf der Sach.* (Das hat nichts auf sich.)
Säckl	Säckel; Hoden; verächtlich gegen Männer
Saft, Såft	Limonade; Blut (verächtlich)
Sag, Såg, Sog	Säge, Sägewerk
sagg(e)risch	zur Verstärkung eines Wortes (positiv und negativ) gebraucht: *Dös Essn wår saggrisch guat* (Das Essen war ausgesprochen gut!)
saggitz(e)n	vom nassen Boden, Leder usw. unter dem Tritt auf hörbare Weise Flüssigkeit ausquellen lassen. In durchnässten Schuhen *saggitzt* man.
saggra!	Ausruf des Unwillens oder auch des Staunens (verstümmelt aus »Sakrament«)
Sagmär	Sage, Märchen
Sågschoatn	Sägespäne

saichn, soachn	urinieren (vulgär); schütten, heftig regnen: *Es soacht.* (Es regnet in Strömen.)
Said, Gsaid	Gerede, Geschwätz
saiffn, soafn	einseifen, seifen
Sail, Soal	Seil, Leine, Strick
saindl(e)n	zögern, langsam, träge tun
Salbn, Salm	Salbe; Einreibung
Salvle, Salvet	Salbei
Sam, Soam	Saum, Rand, besonders an Geweben
samen	ein Tuch, ein Kleid durch Nähen mit einem *Sam* versehen
sa'n	säen, verstreuen; verzetteln
Sandla	herumlungernder Beschäftigungsloser
Sa(n)s	Sense
Sankt Neff	spöttisch für schüchternen, unbeholfenen, zaghaften Menschen; ersonnene Schutzheilige der Schläfrigkeit und Verzagtheit
Sarch, Sårg	Sarg; Einfassung, Rand, Zarge (alt)
Sass, Gsass	der Teil, womit man sitzt, das Gesäß; Wohnsitz
Satthals	Dickhals
sauber	sauber, wohlgeformt, hübsch. *A saubers Diandl* ist ein hübsches Mädchen.
Saufbrüederl	roter Fleck im Gesicht
Sauleder	Schimpfbenennung gegen Frauen

Saunickl	schmutziger, geringer Mensch
Sauschwanz	Schimpfwort
sax, sachs!	Ausdruck der Beteuerung
Schab, Schob	Büschel, Bund von Holzreisig, Stroh usw.
schabab	zu Ende, fertig
Schab(e)n	Schaben, Motten
schach	ganz ermattet, ermüdet
Schacher	Räuber
Schacherer	Händler, Hausierer
schachern	Waren verhandeln, verkaufen
Schåchtl	Karton, Schachtel. *Die oite Schåchtl* ist eine ältere Frau (abwertend).
Schachtlhalm	Zinnkraut
Schädl	Kopf
schaid(e)n	Abschied nehmen
schaidl(e)n	scheiteln
Schaiß, Scheiß	Kot; Blödsinn. *Mei, red der an Scheiß!* (Mensch, redet der einen Blödsinn!)
Schait, Schoat	Holzscheit, Holzstück
Schaln	Schale, Hülse
Schalper	Splitter, Stück Holz, Span
Scham(e)l	Schemel, Holzbänkchen
schamen	schämen
Schampesa	Limonade

Schampus	Champagner, Sekt, Schaumwein
Schånd	Schande; Blöße, Schmach
schänt(e)n	schelten, fluchen; schmähen, schimpfen
schantl(e)n	verunstalten; beschämen
schanz(e)n	hart arbeiten
Schapf(e)n	eine bestimmte Menge, ein Schöpfer voll
Schar	Schere
schar(r)en	scharren; im Reden die Worte, besonders den Buchstaben r, rau und schwerfällig hervorbringen; schnarchen
scharben	klein schneiden
schar(p)f	scharf, schneidend, spitzig; streng, beißend
Schariwari	langes bis auf die Knöchel reichendes Beinkleid
Scharmüzl	Papiertüte, Papiersäckchen
Scharnier	Gewinde, Beschlag aus Metall an Türangeln
scharrezen	scharren. Wenn Katzen an der Tür kratzen, dann *scharrezen* sie.
Schart(n)	Scharte, Gesichtsnarbe (von Natur oder durch Verwundung); Vertiefung in einem Bergrücken
Scharteken	Buch, Heft (verächtlich)
Schattnhäusl	Sommerhäuschen
Schaur	Hagel
Schaubn	Weiberrock

schau(g)n	schauen; *der Herschaug* (verwundertes Dreinschauen)
schea, schia	schön. Wer *sich schea måcht*, der entschuldigt sich.
Schear	Maulwurf; auch: *Schermaus*
schear(e)n	schaben, scharren; *si nit drum schearn* (sich nicht darum kümmern)
Scheck(l)	geflecktes Tier
schecket	gefleckt, bunt
Scheder	Mundwinkel; Weibsperson, die immerzu lacht oder redet
Scheib(n)	Fenster(glas); runde Fläche
scheib(e)n	fortrollen machen, kegeln, rollen
scheibig	rund
schein'	scheinen, leuchten
scheißn gean	auf die Toilette gehen (vulgär)
Scheißhäuslfisch	scherzhaft für Brathering
Scheißmalggn	Unkraut
scheit(e)ln	spalten (Holz)
schelch	schief, krumm, nicht gerade; falsch, listig
schelchhaxet	mit schiefen Beinen, krummbeinig
Schelfala	Pellkartoffel
Schell	Spielkarte (Karo)
Schelle	Kuhglocke

schellig	aufgebracht, wild, unsinnig
Schellkinig	Karo-König beim Kartenspiel; *übern Schellkinig lobn* (jemanden über die Maßen loben)
Schellsau	Karo-Ass, die höchste Karo-Spielkarte
schellwenket	ungleich, krumm; schief, verdreht
schelmen	Diebstähle begehen
scheppern	klirren, klirren machen; tönen wie eine gesprungene Glocke
Scherb(e)n/m	Scherbe. *A alter Scherm* ist eine alte Weibsperson, ein altes Stück Vieh.
scher(re)n	kümmern um etwas; die in der Pfanne angebrannten Teile wegschaben
schergn	klagen, anzeigen, denunzieren, verraten
Scherm	Schirm
Schermesser	Rasiermesser
Scherp	Scherbe, Bruchstück eines Gegenstandes, Splitter
Scherz(l)	Endstück des Brotes, der Wurst usw.
scheuch	scheu, schüchtern, furchtsam
schiaßn	schießen
Schicht	Arbeitsschicht, Tagwerk; Gang, Gericht beim Essen
schichtig	scheu; zornig
Schick	Gelegenheit, schickliche Zeit, Schicklichkeit, Manier, Anstand

Schi(e)fer	Splitter (Holz oder Stein); innerer Unwille, Groll, unmutiges Verhalten
schieferig	voller Splitter, leicht zu spalten; reizbar, unmutig
schiegeln	schielen; mit schiefen Füßen oder krumm gehen
schier, schirch	beinahe, fast
schiffen	urinieren (vulgär)
Schiffi	Schiff
schilch(e)n	schielen; das Auge auf jemanden werfen; eine fahle, rötliche Farbe haben (Wein)
Schimmi	Schimmel
Schinaggl	Kahn, Boot. Ein *Schinaggl* kann aber auch ein altes Gefährt sein.
schinaggln	hart arbeiten
Schind(e)l	eine brettartige Dachdeckung aus Holz
schinhaarig	dünn behaart; armselig
schintn	schinden; geizig sein
schitter	dünn, lückenhaft, nicht dicht genug
schlachtln	schlachten
schlaffn	schlafen
schlaich(e)n	auf geheime Weise etwas bringen, geben; *oan oane schloachn* (jemandem eine Ohrfeige geben)
schlaipfen	gleiten machen, nachschleppen
schlampampn	essen, gierig schmausen

schlamped	unordentlich, schlaff, nachlässig, zerrissen
Schlampn	Schimpfwort für Weibsperson; Hure
schlanggelet	dünn, geschmeidig
schlanzen	in schwingende Bewegung setzen, werfen, schleudern
Schlappa	Sandale, Pantoffel, hinten offener Hausschuh
schlapporet	mit schlapp herunterhängenden Ohren
Schlaraff	träger, schläfriger Mensch
schlarpen	lecken, mit der Zunge schlürfen
Schlatterer	Mensch, der sich wenig kümmert
Schlatz	kleine Menge einer Flüssigkeit; Schleim; *Er hat an mords Schlatz.* (Er ist sehr beleidigt.)
schlaunen	wohl vonstatten gehen, gedeihen
schläunen	sich beeilen, rasch vorwärts machen
schleckn	lecken, naschen
schlendrisch	nachlässig
schlenggln	einen Dienstplatz verlassen und einen neuen antreten
schlenggern	mit rascher Bewegung schwingen, schleudern
schlint(e)n	schlucken, schlingen, hineinwürgen
schmaggizn	beim Essen mit dem Mund schmatzen
schmaißn	werfen

schmarggelen	nach Fett riechen; einen fauligen Geruch haben, wie altes Fett, Fleisch
Schmatt	(viel) Geld; *schmattig* (reich)
Schmirb	Schmiere, Salbe
Schmöcker	Nase
Schnaderhüpfl	Vierzeiler, kurzes Liedchen
schnaggs(e)ln	Geschlechtsverkehr haben
Schnåll	plötzlicher Laut, Knall
Schnatterbüchs	geschwätzige Person
schnaufn	schwer atmen, röcheln
schneibm	schneien
Schneizhuder	Taschentuch
Schnufler	der Neugierige
Schoad	Scheide, Futteral
schoppen	stopfen
Schuchtl	übereilt handelnde, ungeschickte Person
schupfn	rempeln, stoßen, in Bewegung bringen
schwabbeln	plätschern (Flüssigkeit); wie Enten gehen
schwarggln	wanken, taumeln
Schweinnigl	schmutziger, geringer Mensch
schwenzen	schwenken, ein Gefäß mit Wasser spülen
sette, söttig	solch(e), so getan
Siach, Siech	der Sieche, der Kranke; Geizhals
Secklmoaster	Kassier

seg(g)iern	jemanden plagen, leicht quälen
sist, sust, süst	sonst, ehemals, vordem
Soach	Urin; *Soachkåchl* (Nachttopf)
Soaff(e)	Seife
soda, sode	so denn, also denn
soso	mittelmäßig, weder zu loben noch zu tadeln: *Mia geht's soso.*
Spannadl	Stecknadel
spendiern	ausgeben, aufwenden, einen ausgeben
spudern	den Speichel aus dem Mund ausspritzen, feuchte Aussprache haben
Spundes haben	Angst, Respekt haben vor etwas
stad, stat	still, sachte, leise; *mäuslstad* (ganz still)
Staff(e)l	Stufe; Art Minileiter mit nur 1, 2 Tritten
Stampenei	unruhiges Sichbeeilen, wirre Hast
Stanz(e)n	(lange) Füße, Beine; langfüßige Mücken
Staudn	Staude, Hecke
Steck(e)n	Stock, Stab, Wanderstock
stia(r)n	stören; wühlen, stochern
stifl(e)n	jemand reizen, aufhetzen, aufstacheln
Stingl	Stängel, Pflanzenstiel
Stopsl	Korken, Stöpsel; dummer Mensch
Stotz(n)	kleiner Knirps; Hut (verächtlich)
sumpern	im Stillen protestieren; leise jammern

T

Wörter, die Sie unter T nicht finden,
stehen sicher unter D

Taff	Taufe; *taffn* (taufen); *Taffnum* (Taufname)
tåppeln	Steinchen aufwerfen und wieder fangen
tåppen	sich ungeschickt, plump benehmen
Tåpper	scherzhaft für Fuß
targgeln	stolpern, taumeln
Tåschenfeitl	Taschenmesser
Tåscher	guter, aber unbehilflicher Mensch
tatsch(e)n	im Weichen, Flüssigen mit den Händen tändeln und es so klatschen lassen
tatsch(e)ln	sanft mit der flachen Hand schlagen
tattern	zittern, beben; *vor Angst dertattert* (vor Angst zittern)
täuschl(e)n	kleine Sachen tauschen
tearisch	schwerhörig, taub; auch: wahnsinnig
Tegg(e)n	Gebrechen, Fehler; Verletzung
tersch	eigensinnig, störrisch; stumpfsinnig
Tipfl, Tüpfl	Punkt, kleiner Fleck
Tirggn	Mais
Tischtrüchl	Tischlade

Tîsel, Ties(e)l	hitzige Krankheit, Bauchweh, Kopfweh
Toas	Blödsinn, gesprochener Unsinn
Toggl, Togkl	Filzpantoffel
toir, tuir	teuer
törggelen	im Herbst jungen Wein trinken und dazu Kastanien essen
torggln	taumeln, schwankend gehen
toscht	dort
tracht(e)n	nachdenken, sinnen, an etwas denken
Trall(ei)	stammelnde, blödsinnige Person
Tråmpl	abschätzig für dumme Weibsperson
Tråpp(e)l	Fangeisen, Mausefalle
traun	getrauen, wagen; vermuten
treastn	trösten, helfen, gnädig sein
Tremel	Knüppel; dicker, langer Mensch
trenz(e)n	Speichel aus dem Mund laufen lassen (vorwiegend Kinder)
Triebl	Nudelholz
Tri(e)schiebl	Türschwelle
Trumm	Stück eines zerbrochenen oder abgeschnittenen Ganzen
Tschagko	(alter zerlumpter) Hut
tschindern	taumeln; klirren; ausgleiten
Tschurtschn	Fruchtzapfen der Nadelbäume
Tuscha	guter wohlmeinender Mensch

ua(n)s	eins
überessn	zu viel essen
Übergangl	vorübergehender Zustand des Zornig- oder Krankseins, des Regenwetters
überhaps	überhaupt; in etwa, beiläufig; in Bausch und Bogen
überschi	über sich, aufwärts
Übl	Krankheit, Unwohlsein, Übel
u'habig	andauernd; nicht zu halten, böse, ungestüm (besonders bei Kindern)
Umbrell	Schirm
Umgang	Prozession
umkeien	umwerfen
ummerwölgn	herumkollern
und	und, wird vielfach zu *ed* oder *e* verkürzt: *uan-e-zwuanzg* (einundzwanzig)
undengg	gutmütig, willig
unteroa(n)st	plötzlich, auf einmal
Urass(e)n	geringe, wertlose Überbleibsel (Essen)

Wörter, die Sie unter V nicht finden, stehen sicher unter F

Valentin	spottweise für dummer Kerl. Wenn jemandem etwas hinunterfällt, dann sagt man: *Heit hamma Valentin!*
vaterlen	dem Vater gleichsehen
Vaterunserloch	Mund (trivial)
veanggelen	foppen
Veigl, Veilele	Veilchen
Veit	volkstümlicher Name für Vitus
Veitl	zaghafter, einfältiger Mensch; s. a. *Feitl*
Venediger	zwergenhafte Sagengestalt, die für ihr Gespür für Gold und Schätze bekannt ist
verbandtln	zwei Menschen zueinander führen
verboant	versessen, erpicht auf etwas
verbringen	vollbringen, vermögen, imstande sein
verdempf(e)n	verschlafen
verdotteln	auf ungeschickte Weise etwas vertun
verdrat	verschlagen, verschmitzt
verdruck(e)n	unterdrücken, in sich drücken, nicht kundgeben; auch: viel Essen hinunterwürgen
verflixt	verflucht

vergaggl(e)n	sich irren, blöde verlieben
verganten	versteigern
verhauen	verschwenden; jemanden prügeln
Verlaab	Erlaubnis
verlaiden	zuwider werden
vermainen	verhexen, verwünschen
vermaugk(e)ln	verstecken, beiseite schaffen
verpoppen	Kinder durch zu zärtliche Behandlung verziehen
verschergen	verklagen; verraten
versechn	jemandem die Sterbesakramente reichen
vertuan	verschwenden
Verübl haben	jemandem etwas übel nehmen
verwichn	jüngst, neulich
verwixn	seine Habe verschwenden, das Geld beim Fenster hinauswerfen; durchbringen
verwusern	in der Eile verstreuen, verlegen
Vicher	Vieh (Mehrzahl)
Vizdum	Verwalter, Statthalter
Voarmas	Frühstück
Voglsteig	Vogelkäfig
Völkl	brave Leute (ironisch); Bienenvolk
vorfeartn	im vorletzten Jahr
vornacht	vorgestern

W

a b c d e f g h i j k l m n o p q r s t u v **w** x y z

waan(en)	wehen (Wind, Schneegestöber)
Wabl, Wabi	Barbara
wach, wax	bei Sachen, Tieren und vorzugsweise Menschen: schmuck, geputzt, mutig; stolz, hochmütig; auch: draufgängerisch; bäuerisch; beißend (Stoff)
Wachtl	Wachtel. Jemand *liagt wia a Wachtl,* wenn er aus Gewohnheit lügt.
wachtl(e)n	hin und her schwingen, mit der Hand eine schnelle Bewegung machen, Luftstreiche führen, mit einem Tuch oder einer Fahne schwingen; *einen wachtln* (jemanden ohrfeigen)
Wadl	Wade
Waid, Woad	Weide, Grasboden, Feld
waidlich	hurtig, munter, frisch, schnell
Waisat, Waiset	Geschenk an frisch gebackene Eltern bzw. an eine Wöchnerin, auch an Brautpaare
walgn, wölgn	wälzen, rollen, ausrollen
Walsch	zunächst Italiener, dann jeder Fremde

Waltl	kleines Wäldchen
wam(p)sen	schlagen, prügeln, Ohrfeige geben
wampat	dick, mit dickem Bauch
Wampm	Bauch von Tieren und (verächtlich) dicken Menschen; Wanst
Wank	Seitensprung; das Ausweichen; der Wink
waschlnass	völlig durchnässt von Kopf bis Fuß
Wasn, Wosn	Rasen; auch scherzhaft für großen Mann
Wastl, Wastei	Kurzname für Sebastian
Watschn	Ohrfeige, Schlag mit der flachen Hand
Wattn	ein spezielles Kartenspiel
Wea(h)	Weh, Schmerz; *wea(h)* (weh, schmerzhaft)
Weaschtl	Wort, Wörtchen
wedan	regnen, hageln; auch: fluchen, toben
Weggn	Wecken, länglicher Laib Brot
Weiberleut	alle Frauen
Weich	Weihe; in der Kirche geweihte Dinge
Weichkessl	Weihwassergefäß
Weisl	Weise, Melodie
wetterschlachtig	wetterfühlig
Windling	Bohrer
Wischpei	Pfeife; scherzhaft für Geschlechtsorgan
wundrig	neugierig, vorwitzig, empfindlich
wuzl(e)n	wulstig, faltig machen

z'	als Präposition in Tirol viel gebraucht, z. B. *z' Weihnachtn, z' Kirchn gehn* usw.
zaafen	sich abplagen
Zaam	Zaum
Zaber, Zauba	Zauber, Hexerei, Magie
zach	zäh
Zachn, Zacher	Tränen
Zåder, Zoder	der zähe, sehnige, faserige Fleischteil
Zåderer	Mensch, der sich viel abmüht
Zag(k)el	Haarbüschel am Schweif eines Tieres; Schwanz; Stachel; Quaste; generell etwas Herabhängendes; zerlumptes Kleid, auch eine Frau, die ein solches trägt
Zåggler	zerlumpter Kerl, Bettler, armer Tropf
Zai	Zäune
zain	zäunen, einen Zaun aufbauen, reparieren
z'(s)ammen	zusammen, gemeinsam, miteinander
zampen	zappeln, mit den Füßen stampfen
Zand(l)	Zahn, Zähnchen

zandln	wenn ein Kind Zähne bekommt; auch: wenn jemand um den heißen Brei herumredet oder herumtrödelt
zanluket	mit einer Zahnlücke versehen
Zap(p)in	Haue oder Hebel mit eisernen Haken bzw. spitzem Ende zum Aufheben von Holz- oder Steinblöcken
zapf(e)n	Bier oder Wein aus einem Fass rinnen lassen
Zapf(e)n	Zapfen; Wein- oder Bierhahn; starker Rausch
zappern	ungeduldig mit den Füßen trippeln
Zarg, Zårg	Einfassung eines Gefäßes, Rand; *auf der Zarg* (am Äußersten)
zaudier	zaundürr, außerordentlich mager
Ze(a)ch	Zehe
Ze(a)chnkas	»Zehenkäse«, Fußschweiß, wenn jemand von den Füßen bzw. Socken stinkt
z'ebner Erd	Erdgeschoss
Zech	Innung, Zunft, Verein; Zeche; Bergbaurevier bzw. -stollen
zeffern	mit etwas sparsam, schonend umgehen
Zegga, Zögga	Tragkorb, Armkorb
Zeichn, Zoachn	Zeichen, Sternzeichen
Zeiber	eine Art grüner Pflaumen
Zeiseiwågn	Gefängniswagen
Zelt(e)n	Früchtebrot zu Weihnachten

Zend	Zähne
Zette, Zötte	Hecke, Dornengestrüpp, Gesträuch
zette(l)n	kleinweise fallen lassen, streuen
ziach(e)n	ziehen, schleppen
Ziaglstadl	Gefängnis (weil Ziegel gemacht wurden)
Zibebe, Zwebe	große Kochrosine
zicken	einen scharfen, beißenden Geschmack haben (Getränke); wenn etwas sauer wie Essig wird
Zieger, Ziga	Käse aus Schaf-, Kuh- oder Ziegenmilch
Ziegl	Zugstrick, Ziehseil
ziegln, zügln	züchten, aufziehen (meist Tiere, Pflanzen)
Zigaina	Zigeuner; jemand der umherstreunt, Weltenbummler
Ziggel(brunn)	Ziehbrunnen, aus dem man das Wasser pumpt oder mittels Eimer herauszieht
Zil	Ziel
Zille(le)	Fischerkahn, Fähre
zinsl(e)n	sprudeln, hervorspritzen (Wasser); auch: urinieren
zintln	zündeln, Feuer legen, pyromanisch veranlagt sein
zintn, zindn	zünden, anzünden; *oan oane zintn* (jemandem eine Ohrfeige geben)
Zipf, Zipf(e)l	Spitze, spitziges Ende; kleines Ding überhaupt; Penis; Schimpfwort für Mannsperson, verstärkt: *Sauzipfl*

zipflweis	kleinweise, nach und nach
Zirbasnüssl	Zirbelnüsse
Zirbl, Zirm	Zirbelkiefer (*Pinus cembra L.*)
Zirmgratsch	Nusshäher
Zist(l)	Tragkorb
Zittrich	krätzenartiger Ausschlag
Zittrichkraut	Milzkraut (*Chrysosplenium alternifolium*)
z'morgez	am Morgen
z'nagst	zunächst, vor einigen Tagen, vor kurzem
z'nicht	schlimm, nichtwertig, ohne Nutzen
Zöb(e)l	länglicher Kot; s. a. *Gagl*
Zoberl(i)	eigensinniger, widerspenstiger Bub
Zoch, Zöchl	roher Mensch, bengelhafter Bursche
Zockl, Zoggl	Holzschuh
Zoig(l), Zuig	Zeug, Gerätschaft, Geräte, Hab und Gut
zottl(e)n	langsam, träge einhergehen; auch: bei den Haaren ziehen
zottlat	Zersauste Haare sind *zottlat.*
Zottler	Mann von zottigem Aussehen, Person im Fastnachtsbrauchtum Nordtirols
zottlet	von nachlässigem Äußeren
z'ritt, z'rütt	in Verwirrung, außer Fassung gebracht, zornig, aufgebracht, wahnsinnig, irr
Z'rufen	Hadern, Lumpen, zerrissenes Kleid
z'rugg	zurück, rückwärts

z'trutz	zum Trotz
zua, zue	geschlossen, zu; auch: völlig betrunken
Zuabuass	Zugabe (beim Einkauf usw.); jemandem eine Spende zukommen lassen
Zuakirch	Filialkirche
Zuawåg	wenn ein Geschäftsmann gratis etwas dazugibt (z. B. Knochen zum Fleisch)
Zuber	offenes Holzgefäß zum Waschen
zuck(e)n	schnell ziehen, reißen, erschrecken; auch: entwenden, stehlen; *bis in den drittn Himml verzuckt sein* (in höchster Wonne schweben)
Zucker	Zuckung
zuckezn	zucken, zittern, vibrieren
Zuckerpapp	Bonbon (Kindersprache)
Zueck(e)n	Ast, Zweig, Zacken eines Baumes; überhaupt Hervorstehendes an Gegenständen
Zuggal	Bonbon
Zuggergandl	Kandiszucker
Zull	Maikäfer
zull(e)n	saugen am Sauglappen
Zumme, Zumml	hölzerne Tragbutte
Zuntern	Zwergkiefer (*Pinus pumilio*)
Zu(r)zepfn	Fruchtzapfen der Nadelbäume
Zuschge	fahrlässiges Mädchen
zussel(e)t	nachlässig gekleidet

Zusserer	knausriger, sehr sparsamer Mensch
Zussl	schlecht gekleidetes oder dümmliches Weib
zwacken	zwischen zwei Finger- oder Zangenspitzen fassen; stehlen
zwåg(e)n	Teile des Leibes, besonders den Kopf waschen; meist als *ozwogn* oder *åzwagn* gebraucht
Zwasper	Heidelbeere
zwatzeln	wimmeln, zappeln, sich unruhig bewegen (wie die Fische im Wasser)
Zweck	Stift, Splitter
Zwehel	Handtuch, Tellertuch, Geschirrtuch
Zweigl	kleiner Ast, Ästchen, kleiner Zweig
Zweihörndler	Umschreibung für Teufel
zwerch	quer
Zwergl	Zwerg, Kobold, Gnom, kleiner Mensch
Zweschp(e)	Zwetschke; *meine siebn Zweschpn zsammpackn* (meine Siebensachen zusammenpacken)
zwick(e)n	zwicken, mit einer Zange etwas herausziehen; eine Art Kartenspiel
Zwickl	Keil
zwieda	böse, unartig
Zwiefl	Zwiebe; scherzhaft für Geld
zwiefln	jemanden prügeln

zwieggezn	heiser schreien
Zwienar	Zwitter
Zwiesl	ein zweifach sich teilender Ast, Zweig; der untere Teil des Leibes
Zwiesler	Doppelbaum
zwieslet	zweifach geteilt, gabelförmig
Zwiespannar	Zweispänner
Zwindl	Zwillingskind
zwinzeln	blinzeln
zwispen	zwei Fäden zusammendrehen, spinnen
Zwitterding	etwas Halbes, von unentschiedener Art
zwoa	zwei

Sprache oder Halskrankheit?

Die Tiroler Sprache hat nicht nur viele Eigentümlichkeiten, die sie von der hochdeutschen Sprache und von den Mundarten anderer deutschsprechenden Länder unterscheidet, sondern sie wird auch im Land selbst mit unzähligen Veränderungen in der Bildung und im Gebrauch der Wörter gesprochen.
In Tirol findet man im wesentlichen zwei Hauptdialekte: *bojoarisch* (bajuwarisch) und *alemannisch*. Wobei ersteren der Großteil des Landes beherrscht, und zwar das ganze Inntal mit Ausnahme des Außerferns, das Wipptal, der größte Teil des Pustertales, die Gegend am Eisack (ausgenommen Grödental) und das Etschgebiet bis nach Salurn. Im Außerfern spricht man die alemannische Mundart.
Zur bajuwarischen Mundart kann man sagen, dass die Aussprache kräftig, deutlich, mehr hart als weich und die Betonung laut, meistens langsam und breit ausziehend ist. Fast nirgends wird der Selbstlaut »a« im reinen, hellen, der hochdeutschen Sprache eigenen Laut, sondern in einem zwischen »a« und »o« schwebenden, tieferen Mittellaut *å* gesprochen.
Jene Wörter, die nach der richtigen Sprechart in der Mehrzahl bzw. durch ihre Ableitung das »a« in »ä« verwandeln, behalten in der Mundart das *a* unverändert, nur klingt es dann immer hell. *Die Garten* für »Gärten« oder *die Walder* für »Wälder« sind nur zwei Beispiele. Statt »du hättest« verwendet der Tiroler *du hattest*, und »schämen« heißt bei ihm *schamen*. Manchmal geht das »ä« sogar in *ö* über. Da heißt es dann *hörter* für »härter«. In der Vorsilbe »ab-« wird das »b« und in »auf« das »f« häufig weggelassen: *afahr'n* (abfahren), *auspringen* (aufspringen) usw. Die Vorsilbe »an-« wird entwe-

der in *on-* oder *un-* (teils sogar nur *o* oder *u*) umgewandelt. Wodurch das schriftdeutsche »anspringen« zu *o(n)springen* oder *u(n)springen* wird.
Der Selbstlaut »e«, als Bezeichnung der Mehrzahl bei Hauptwörtern, fällt in den meisten Gegenden weg, wodurch es beispielsweise nicht »die Hunde«, sondern nur *die Hund* heißt. Steht ein »e« in der letzten Silbe und folgt kein »n« darauf, so setzt man fast immer ein »a«, sodass der »Herr« zu *Hear* wird und der Befehl »Geh!« zu *Gea(h)!* Sehr selten hört man in den Endsilben »-en« und »-el« beide Buchstaben vollkommen ausgedrückt: *schreibn* (schreiben), *streitn* (streiten), *Zweifl* (Zweifel), *Viertl* (Viertel). Doch werden dann die beiden Buchstaben »en« vernehmlich ausgesprochen, wenn ein »n«, ein »ng« oder ein »m« unmittelbar vorangeht, wie bei *rinnen*, *singen*, *schwimmen* usw.
Das »e« am Anfang oder auch manchmal in der Mitte des Wortes schlägt vielfach in *ö* um: *Ölend* (Elend), *Mösser* (Messer). In den Vorsilben »ge-« und »be-« wird das »e« hingegen fast überall verschlungen: *Gwinn* (Gewinn), *gwiss* (gewiss), *Bstand* (Bestand). Das »o« vor »m« und »n« verwandelt sich gewöhnlich in u: *frum* (fromm), *Sunn* (Sonne), *schun* (schon). Vor »ß«, »t« und »ch« lautet das »o« fast immer wie *oa*: *groaß* (groß), *roat* (rot), *hoach* (hoch). Das *a* hört man jedoch nur schwach. In den Wörtern »sollen«, »wollen« und »kommen« nimmt es den Umlaut *ö* an: *söllen*, *wöllen*, *kömmen*. Für »kommt« sagt man *kimmt*. Das »ö« wird niemals rein gesprochen, sondern in *ie*, *ea* oder auch in *u* umgestaltet: *schien* bzw. *schean* (schön), *Heach* (Höhe), *vergunnen* (vergönnen, gönnen).
Zwischen dem »u« und dem darauf folgenden Mitlaut drängt sich oft ein *a* oder *e*: *Huat* bzw. *Huet* (Hut), *tuat* bzw. *tuet* (tut). Das *ue* lässt sich jedoch wie Doppellaut vernehmen. Das »ü« wird niemals rein, sondern größ-

tenteils wie *ie* gesprochen: *grien* (grün), *Hiener* (Hühner). Den Doppellaut »au« beschränkt man meistens auf ein einfaches *a*, und zwar immer im hellen Laut: *Bam* (Baum), *Sam* (Saum) usw. Ausgenommen sind jene Wörter, durch deren Umänderung der Sinn zweifelhaft werden könnte. Man sagt daher richtig *Maus, Bauch* usw. Das Verbindungswörtchen »auch« wird sogar bis auf den Buchstaben *a*, größtenteils hell, hie und da auch tief gesprochen, zusammengeschnitten. Das »ei« (»ai«) klingt insgemein wie *oa*, ähnlich dem französischen *oi*: *Stoan* (Stein), *Roan* (Rain), *oans* (eins). Im Geschlechtsartikel »ein« wird das »ei« in ein helles *a* verwandelt und überdies das »n« ganz weggeworfen, wenn nicht ein Selbstlaut darauf folgt: *Als a Roß is viel nützer an Ox* (ein Ochse ist viel nützlicher als ein Pferd). Aus »eu« wird gewöhnlich *ui*: *Fui'r* (Feuer), *tui'r* (teuer), *nui* (neu).
Der Doppellaut »ie« wird in der Regel so sehr gedehnt, dass das *e* beinahe ebenso stark wie das *i* und fast wie zwei Silben lautet: *Lieben*. Bei einigen Wörtern wird »ie« in *ui* verändert: er *schuißt* (schießt). Als ein besonderes charakteristisches Merkmal ist dieser Mundart eigen, die Buchstaben »b«, »k«, »v«, »sch« und »st« ungemein stark auszusprechen, wonach insbesondere das »st« wie »scht« klingt. Das dehnende »h« am Schluss oder auch in der Mitte eines Wortes wird immer mit einem »c« verstärkt: *Viech* (Vieh), *siech* (sieh), *ziechn* (ziehen). Dagegen werden die Endbuchstaben »rk« mit »ch« verweichlicht: *Werch* (Werk), *starch* (stark). Die Endsilbe »-lich« bildet sich teils in *-la* um: *freila* (freilich), *liebla* (lieblich). Die Endsilbe »-heit« verwandelt sich meist in *-hat*: *Gwunhat* (Gewohnheit), *Wahrhat* (Wahrheit). Auch bei den Vorsilben »er-«, »zer-« und »ver-« liebt man Zusätze und Veränderungen: *derbarmen* (erbarmen), *dersteigen* (ersteigen), *derreißn* (zerreißen), *derarmen* (verarmen).

Bei den Fürwörtern »ich«, »mich«, »dich« wird das »c« durchgehend verschlungen: *ih, mih, di.* In »mein«, »dein«, »sein« fällt das »n« weg: *mei, dei, sei.* »Wir«, »ihr«, »euch« werden in *mier, ös, enk*; »unser« in *inser*; »dieser«, »diese« in *der, die* (beide mit einem dehnenden Nachdruck gesprochen); »dies« in *dös*; und »solches« in *sölles* oder *söt(h)anes* (nach dem veralteten »sothanes«). Anstatt der Fürwörter »welcher«, »welche«, »welches« – wenn sie beziehend gebraucht werden – wird immer *der, die, das* (gewöhnlicher), *dös* und in der fragenden Bedeutung *wöller, wölle, wölles* gesagt. Sehr üblich sind die Zusammenziehungen, und zwar nicht nur von Silben – zum Beispiel für haben: *han* oder *hun* –, sondern auch der Wörter, besonders wenn ein Vorwort mit dem Geschlechtswort zusammentrifft oder wenn das Fürwort »wir« oder »mir« unmittelbar nach einem Zeitwort zu stehen kommt: *afn* (auf den), *vorn* bzw. *voarn* (vor den), *hamers* (haben wir es), *gimers* (gib es mir), *wöllmer* (wollen wir), *geahmer* (gehen wir).

Die Abwandlung der Zeitwörter geschieht richtig nach der Sprachlehre, nur ist die Mitvergangenheit der Volkssprache beinahe ganz fremd. Man gebraucht dafür meist die Vergangenheit. Mit Vorliebe wird das Zeitwort »tun« als Hilfswort benützt. Ebenso bedient man sich gern des Wortes »gehen«, anstatt des Hilfszeitwortes »sein« in der Zukunft, oder anstatt »wollen«: *Iatz geah i oans singen* (Jetzt werde ich eines singen), *Geahmer gean afs Feld?* (Wollen wir aufs Feld gehen?).

Diese im Allgemeinen charakteristische Mundart hat natürlich unzählige Abweichungen. Kaum ein Tal wird man finden, das mit einem anderen eine ganz gleiche Sprechart hätte. Da es sich beim alemannisch beeinflussten Außerfern nur um einen kleinen Teil Tirols handelt, soll er hier nicht so ausführlich behandelt werden. Im Oberen Gericht und Kaunertal gilt die Mundart als

bajuwarisch, mit dem Hauptrückzugsgebiet des Rätoromanischen im Passgebiet des Reschen. Im Oberpaznaun und inneren Stanzertal sind die alemannischen Einflüsse am stärksten, schwächen sich gegen das Talende hin etwas ab und vermischen sich mit dem Bairischen am Kreuzungspunkt bei Landeck. Die rätoromanischen Elemente sind aber überall noch erkennbar. Die besonderen Eigentümlichkeiten dieses in seiner Betonung harten Dialektes sind: Die Endsilbe »-en« erfährt immer eine Umbildung, und zwar in der Art, dass das »n« durchaus wegfällt, und aus dem »e« ein *a* wird, das in dieser Stellung hell, sonst aber immer tief lautet: *Die schlimma Bueba streita und hadera* (Die schlimmen Buben streiten und hadern). Die Selbstlaute »a« und »ä« verwandeln sich in Zeitwörtern meist in *ö*, und zwar immer mit Weglassen der darauf folgenden Mitlaute »b« und »g«: *ghöt* (gehabt), *gsöt* (gesagt). Auch in der Mitte des Wortes geht das »e« sehr gerne in *a* über: *Gald* (Geld), *Walt* (Welt). Aus »au« wird ein stark gedehntes *o*, aus »eu« ein *ö*: *kofe* (kaufen), *Bom* (Baum), *Fröd* (Freude). Das Hilfszeitwort »haben« wird in der dritten Person Gegenwart zu *hai*: *Er hai gsöt* (Er hat gesagt).
Im Lechtal spricht man ein Gemisch der Oberinntaler und der schwäbischen Sprachweise. Alle Zeitwörter, die auf »-en« auslaufen, werden mit »t« geschlossen, was dem ungewohnten Ohr sehr unangenehm auffällt: *gegangt* (gegangen), *gwößt* (gewesen), *gegößt* (gegessen), *gesitzt* (gesessen). Manch einer fragt sich: »Sind die Außerferner Tiroler?« Ja! Auch wenn es beim Wetterbericht in Radio Tirol heißt: »Ein Tiefdruckgebiet zieht vom Außerfern nach Tirol …«
Merkwürdig ist schließlich die Sprechweise der Zillertaler, die sich vom Unterinntaler Dialekt nicht nur durch einen viel kräftigeren Vortrag, indem beinahe jeder Buchstabe mit einem gewissen Nachdruck ausgespro-